FORÇAS
AUTÊNTICAS

Dados Internacionais de Catalogação na Publicação (CIP)
Agência Brasileira do ISBN - Bibliotecária Priscila Pena Machado CRB-7/6971

Doman, Fatima
  Forças autênticas: aumente sua felicidade, sua *performance* e seu sucesso com *Coaching* de Psicologia positiva / Fatima Doman ; tradução Anabella Araújo Silva e Alves Meira. – 1. ed. – Goiânia, GO : Vida Integral ; Petrópolis, RJ : Editora Vozes, 2021.

  Título original: Authentic strengths
  ISBN 978-65-990987-1-0 (Editora Vida Integral)
  ISBN 978-65-571-3161-9 (Editora Vozes)

  1. Autorrealização (Psicologia) 2. Coaching 3. Psicologia positiva I. Título.

21-60888   CDD-150.192

Índices para catálogo sistemático:
1. Psicologia positiva   150.192

FORÇAS AUTÊNTICAS

FATIMA DOMAN

AUMENTE SUA FELICIDADE, SUA *PERFORMANCE* E SEU SUCESSO COM *COACHING* DE PSICOLOGIA POSITIVA

Petrópolis

Copyright©2016 by Fatima Doman
Título original: *Authentic Strengths: maximize your happiness, performance & success with Positive Psychology Coaching*

Todos os direitos reservados. Nenhuma parte desta obra poderá ser reproduzida ou transmitida por qualquer forma e/ou quaisquer meios (eletrônico ou mecânico, incluindo fotocópia e gravação) ou arquivada em qualquer sistema ou banco de dados sem permissão escrita da editora.

Editores
Anabella Araújo Silva e Alves Meira
Luciano Alves Meira

Tradução e revisão
Anabella Araújo Silva e Alves Meira

Impressão
Editora Vozes

Capa
Convés Criativo

Diagramação
Claudio Braghini Junior

Editado conforme o novo acordo ortográfico.

Editora Vida Integral
Goiânia/GO,
Telefone: (62) 98119 0075
contato@caminhosvidaintegral.com.br
www.caminhosvidaintegral.com.br

Editora Vozes Ltda.
Rua Frei Luís, 100
25689-900 Petrópolis, RJ
www.vozes.com.br

Para meus filhos
Kaden e Sage:
Vocês me inspiram todo dia a aprender e crescer.

Índice

Prefácio 9

Prefácio à edição brasileira..11

Introdução..15

O que é o *Coaching* de Forças?.......................................17

Capítulo 1. Silencie o Crítico, descubra o *Coach* 29

Capítulo 2. Movendo o foco das fraquezas para as fortalezas.....................43

Capítulo 3. A Neurociência do otimismo.........................67

Capítulo 4. *Coaching* Integral 87

Capítulo 5. Motivação autêntica 107

Capítulo 6. Comparanoia 127

Capítulo 7. Ressignificar o erro.......................................137

Capítulo 8. Emoções conscientes.....................................151

Capítulo 9. Inteligência emocional como combustível das Forças
de Caráter...167

Capítulo 10. O bando inteligente 177

Capítulo 11. O *flow* energizado pelas Forças 195

Capítulo 12. Surfando rumo a uma *performance* extraordinária.............213

Capítulo 13. Apêndice...229

Agradecimentos...235

Notas e referências 237

Sobre a empresa *Authentic Strengths Advantage®* (ASA) 249

Sobre a autora 251

Agradecimentos...235
Notas e referências 237
Sobre a empresa Authentic Strengths Advantage® (ASA) 249
Sobre a autora 251

Prefácio

Dr. Neal H. Mayerson
Fundador e presidente do Instituto VIA de Caráter

Como um psicólogo clínico que passou milhares de horas com pessoas, ajudando-as a melhorar suas vidas, como fundador e presidente do Instituto VIA e proprietário de uma empresa de *coaching* que treinou e contratou *coaches*, fiquei feliz em saber que minha amiga e colega Fatima Doman decidiu escrever este livro. *Coaching* é um campo de prática em franca e rápida expansão e, ainda sim, existem poucas universidades com programas de treinamento e certificação. Como resultado, os *coaches* escolhem alternativas variadas para obter a formação e a buscar o aprendizado contínuo. O processo de *coaching* firmado em ciência descrito nesta obra em breve estará na vanguarda para estabelecer excelência em *coaching*.

Muitos livros, **workshops** e programas de treinamento para *coaching* tomaram de empréstimo os postulados de uma relativamente nova área da ciência social chamada Psicologia Positiva. E a maioria deles faz referência a ser "baseada em Forças". No entanto, este livro é o primeiro de seu gênero que se concentra profunda e significativamente nas Forças de Caráter.

Forças de Caráter são importantes aspectos positivos da nossa identidade e personalidade. Elas definem o que é melhor sobre cada um de nós e representam um conjunto de ferramentas poderosas que podemos usar para nos tornar melhores versões de nós mesmos, além de ajudar os outros a fazer o mesmo. Elas podem ser distinguidas de forças de talento. Enquanto estas últimas explicam o que somos bons em fazer, as Forças de Caráter definem o que nós nos *importamos* em fazer.

Ajudar os clientes a colocar em foco quem eles são em termos de inclinações positivas de personalidade é fundamental para capacitá-los a se tornarem arquitetos da própria vida. Saber quais dimensões de nós mesmos são mais importantes para serem expressadas, e sermos reconhecidos por isso, se torna a bússola pela qual podemos navegar pelas tantas decisões da vida: de que tipo de trabalho e de atividades acharemos mais satisfatórias, com quem queremos nos relacionar e como fazer isso. Finalmente agora, com a publicação deste livro, os *coaches* e líderes podem aprender uma abordagem de *coaching* que se baseia nos ativos fundamentais das pessoas: suas Forças de Caráter. Este livro aprofunda o que outros apenas fazem referência marginal, ao jogar luzes sobre o que é um *coaching* eficaz. Com profundo conhecimento, Doman desdobra a teoria e a ciência em *insights* úteis e práticos para os profissionais e para qualquer pessoa que queira ser um *coach* melhor para si mesmo e/ou para os outros.

Espero que cada leitor dê a esta obra toda a sua atenção e pense profundamente tanto sobre como aproveitar o que é aprendido aqui quanto sua aplicação numa abordagem personalizada do *coaching* para o bem-estar dos outros e para si mesmo.

Prefácio à edição brasileira

Anabella Meira

As **Forças de Caráter** estão para a nossa vida assim como os músculos para o corpo humano: dão-nos sustentação quando estimuladas ou podem ficar atrofiadas, se mantidas inertes. Também são semelhantes a presentes que recebemos ao nascer e ao longo de nosso crescimento, mas compete a nós delas tomar posse, tirando-as do seu invólucro, ou seja, desenvolvendo-as.

Essa noção, em que pese sua simplicidade, é exata ao captar o enorme potencial que torna as Forças de Caráter tão especiais. Não é meu papel esmiuçar isso agora – até porque a autora o fará muito bem nas próximas páginas. Eu me permitirei apenas apresentar aos leitores brasileiros, na condição de tradutora da obra, algumas informações oportunas.

Notem que na grafia usada em nosso idioma para o termo *character strengths* é **Forças de Caráter**, com iniciais maiúsculas, visando diferenciar-se de força (substantivo, como em "fazer força"). Portanto, uma Força de Caráter ou simplesmente, Força, refere-se a uma das 24 mapeadas pelo Instituto VIA de Caráter.

O que nos leva ao nosso segundo ponto: a Caminhos Vida Integral (empresa que fundei juntamente com o Prof. Luciano Alves Meira, da qual faz parte a Editora Vida Integral) criou, em 2018, uma ferramenta chamada **Jornada do Autoconhecimento**, a fim de estimular o processo de florescimento dos potenciais humanos. Um dos componentes dessa Jornada é justamente o conceito de Forças e Virtudes, cuja base teórica foi alicerçada no trabalho de Peterson e Seligman. Por entendermos que seria mais adequado, optamos por nomear algumas Forças de modo diferente da tradução para Português do Brasil que o VIA utiliza. Por exemplo, a Força da categoria da

Justiça, em vez de se chamar Justiça novamente, a batizamos de Imparcialidade; e, em lugar de grafarmos somente Amor ao indicarmos a Força da virtude Humanidade, preferimos o termo Amorosidade por acreditarmos que se trata da Força que deixará que entre em cena o Amor, além de outras alterações afins. A lista completa e mais detalhes sobre a Jornada você poderá encontrar ao final deste livro.

Tudo isso é fascinante, eu sei. Pensar que o ser humano pode ser visto e acolhido por uma lente positiva, que propicie enxergar não apenas tudo que está à vista, na superfície, mas também os potenciais "embrulhados", tal qual as sementes, que aguardam o momento certo de eclodir, é, simplesmente, lindo!

Como músculos, as Forças podem e devem ser exercitadas: todos temos em nós o cardápio completo das 24 Forças e Virtudes. Fatima Doman lhe mostrará como identificar, desenvolver e aplicar esses potenciais em sua vida e, ainda, como isso poderá lhe ajudar a aprimorar-se integralmente ou a auxiliar outros a fazê-lo, rumo a vidas plenas de significado.

Encerro agradecendo pela oportunidade, que se reveste na honra de trazer aos leitores brasileiros uma obra que é *best-seller* nos Estados Unidos, e certamente será de enorme valia para todo aquele que deseje se desenvolver ou ensinar outros a fazê-lo, em casa, na família, na comunidade ou nas organizações, no papel de líder, de forma consistente e com foco em se mover das fraquezas para as fortalezas.

Boa leitura!

"Se fizéssemos todas as coisas de que somos capazes, nós nos **surpreenderíamos** a nós mesmos."

Thomas Edson

Introdução

Joalheiros reconhecem diamantes na pedra bruta. *Marchands* identificam potenciais obras-primas. *Coaches* desenvolvem estrelas. Se você escolheu este livro, está indo na direção de se tornar uma estrela. Reconheceu sua motivação para alcançar um novo nível de potencial. Como as pessoas podem descobrir suas Forças de Caráter e descortinar seu maior potencial? Uma maneira é ter esse potencial refletido de volta para elas por alguém que possa ver claramente o que tem sido obscurecido por camadas de *feedback* não construtivo, esforços equivocados e foco errado.

Com base no melhor da ciência da Psicologia Positiva e das minhas duas décadas de experiência de *coaching,* tanto na minha própria empresa, *Authentic Strengths Advantage**, quanto, anteriormente, com a maior empresa de treinamento de liderança do mundo, criei o processo de *Coaching* de Forças fundamentado em princípios poderosos e atemporais que podem transformar um aluno dedicado em um *coach* por excelência. O processo de *Coaching* de Forças que você irá aprender neste livro o ajudará a atender às necessidades dos outros ou simplesmente a aumentar sua própria eficácia pessoal. Durante meus 20 anos na empresa de treinamento *FranklinCovey*, trabalhamos com noventa por cento das empresas da *Fortune 100* e com oitenta por cento da *Fortune 500*. A empresa treinou mais de 250.000 pessoas por mês em organizações de 135 países e 45 escritórios globais. Trabalhei com milhares de líderes em organizações em todo o mundo e, juntos, obtivemos *insights* significativos enquanto enfrentávamos seus maiores desafios.

Meu trabalho posterior — com a Certificação de *Coaching* da Universidade de Columbia e com o Instituto VIA de Caráter — me impulsionou a entender de maneira mais acurada o que realmente

---

* N.T.: Em tradução livre, Vantagem das Forças Autênticas.

Forças Autênticas

motiva as pessoas a alcançar seus objetivos. Este livro é resultado do meu estudo cuidadoso da mola propulsora do desempenho das estrelas e de minhas próprias experiências, testemunhando surpreendentes transformações nos meus *coachees*. Ao longo destas páginas, eu mudei nomes e características para preservar a confidencialidade aplicável às histórias de *coaching*.

Compartilho tudo isso com você aqui.

O que é o *Coaching* de Forças?

Por que acredito que o *Coaching* de Forças emergiu como um importante veículo para descobrir e liberar potencial? Enquanto eu treinava e facilitava conteúdos de desenvolvimento pessoal, produtividade e liderança para executivos, regularmente ponderei como capacitar as pessoas para criar mudanças sustentáveis e positivas. Um dos estudos intensivos com maior demanda de trabalho na história (mais de 10 anos de pesquisa e 200.000 entrevistas) realizada pela empresa de pesquisas *Towers Watson* expandiu o inovador estudo "*Efeito Hawthorne*", nos anos 1950, o qual mostrou que as pessoas tendem a trabalhar mais e melhor quando elas são observadas. **Simplificando, quando você presta atenção à singularidade das pessoas, elas despertam.** Tudo que você precisa fazer é perceber como os bebês respondem à atenção pessoal e ao *feedback* positivo que é comumente dado ao milagre de uma nova vida. Por que nós paramos de nutrir uns aos outros com a atenção, como se fôssemos menos milagrosos, só porque nos tornamos adultos independentes?

Um estudo subsequente da *Tower Watson Global Worksforce Study*, de 2012, listou os principais fatores de motivação para o engajamento dos colaboradores desejados para o local de trabalho do século XXI. Entre esses, encontram-se a capacidade dos líderes em atribuir tarefas adequadas às Forças dos colaboradores e a demonstração de interesse sincero em proporcionar-lhes bem-estar e assim, ganhar sua confiança[1]. O estudo contou com mais de 32.000 participantes e mostrou que a ansiedade sobre o futuro é comum em todo o mundo e que apenas 35% da força de trabalho mundial é altamente engajada. Pesquisas da Psicologia Positiva têm demonstrado que o *Coaching* de Forças cria uma abordagem mais otimista e com foco na solução aguardada pelas pessoas. Apreciar e alavancar as Forças do

Forças Autênticas

colaborador, enquanto é criada uma cultura de respeito mútuo, na qual as pessoas têm o poder de fazer suas contribuições singulares, é fundamental para motivar e engajá-las.

De fato, uma extensa pesquisa sobre o comportamento humano e Forças feita pela *Gallup* confirma as descobertas da *Towers Watson*. Indivíduos que usam suas Forças todos os dias têm seis vezes mais chances de estar engajados nas atividades laborais e, da mesma forma, empregadores que se concentram nas Forças dos colaboradores, em vez de se se limitarem a corrigir suas fraquezas, contam com uma equipe de colaboradores muito mais engajada.

Para medir o sucesso das empresas com foco nas Forças dos empregados, a *Gallup* desenvolveu o *Strenghts Orientation Index* (N.T.: Em tradução livre, Índice de Orientação das Forças.), que traz perguntas para os colaboradores sobre qual é a atuação dos empregadores em quatro importantes temas:

1. Semanalmente, metas e expectativas são definidas com base nas Forças do colaborador?
2. Os colaboradores conseguem nomear as Forças de cinco pessoas com as quais trabalham?
3. Os supervisores têm discussões significativas sobre as Forças com os colaboradores?
4. A organização está empenhada em construir as Forças de cada colaborador?

Surpreendentemente, apenas 3% dos colaboradores das empresas pesquisadas com sede nos Estados Unidos concordaram plenamente com todos os quatro itens do Índice de Orientação das Forças. Esse baixo nível de aderência indica que a grande maioria dos empregadores falha em acentuar os aspectos positivos e está cometendo o custoso erro de gastar recursos valiosos em tentativas para resolver as fraquezas dos colaboradores. No entanto, os resultados da pesquisa apontaram que os colaboradores recompensam empregadores focados nas Forças com maior esforço, uma maior ética no trabalho, maior comprometimento e mais entusiasmo.

O que é o *Coaching* de Forças?

Outro estudo perguntou a 1.003 colaboradores sobre a abordagem de seus supervisores para Forças *versus* fraquezas e se eles se sentiam totalmente ignorados. Dos 37% que notavam os supervisores focados em suas Forças, a ausência de comprometimento caiu para apenas 1%! E, dentre os 37% que recebem elogios de chefes por suas Forças, quase dois terços (61%) estavam fortemente empenhados em seus locais de trabalho. Isso é o dobro da média dos trabalhadores dos Estados Unidos que estão engajados em todo o país.

Colaboradores comprometidos que sentem que suas Forças são bem utilizadas são significativamente mais produtivos, menos estressados, cometem menos erros e geram resultados de maior qualidade. Eles tiram menos licenças por doença e sofrem menos problemas crônicos de saúde: tudo isso leva a questões de fundo mais saudáveis[2]. Os impressionantes números gerados pela pesquisa de Forças provam que um foco nas fortalezas abre o caminho para o sucesso, a realização e a melhoria do desempenho.

Então, por que, depois de tantos anos de pesquisas enfatizando cada vez mais sobre o enorme benefício de se concentrar nas Forças, em vez das fraquezas, praticamente todas as organizações privilegiam as últimas? Em vários países, isso começa nas escolas, onde o foco é, muitas vezes, nos pontos fracos, e não em identificar e nutrir Forças. De fato, muitos de nós não sabem identificar nossas próprias Forças de Caráter — muito menos as de outras pessoas. Uma vez que tanta atenção é devotada para nossas fraquezas, geralmente não estamos cientes das nossas fortalezas. Porque estamos preparados para sobreviver, os seres humanos tendem a se concentrar no que está errado (nas nossas próprias deficiências e nas dos outros). Mas é chegado o tempo de reprogramarmos nossas mentes para prosperar e para mudar nosso foco para nossas fortalezas (as Forças).

O *Coaching* de Forças afirma nosso potencial inexplorado, em vez dos limites do que podemos fazer. O trabalho de um *coach* de Forças é ampliar, refletir e facilitar o entendimento sobre elas, gerando estratégias e soluções para o/a *coachee*. Minha experiência profissional me ensinou que aderir aos princípios de *Coaching* de

Forças e praticar o *Coaching* de Presença — estar totalmente presente com alguém no momento — importa mais do que técnica e estilo. Um ótimo *coach* reúne informações ouvindo a emoção, além de apenas escutar as palavras que são ditas enquanto cuidadosamente busca por pistas visuais. *Coaches* eficazes colhem essas pistas até mesmo de microexpressões — aquele breve movimento que perpassa desprotegidamente o rosto de uma pessoa e revela informações importantes para aqueles em sintonia com ela.

Quando um *coach* talentoso conecta-se com uma pessoa dessa forma, a comunicação resultante é profunda. Resultados surpreendentes aguardam quem se atreve a colocar de lado o ego e seguir para um lugar de desejo genuíno de ajudar o outro a encontrar e alcançar o seu potencial. Descobrir e liberar o potencial é uma questão de ajudar as pessoas a entrarem em contato e dar voz ao seu *Coach* Interno, a parte autêntica delas mesmas. Essa voz é o guia mais poderoso que cada um de nós tem para nos levar ao atingimento máximo de nosso potencial humano.

Um estudo de conscientização global da *Federação Internacional de Coaching — FIC* (N.T.: IFC no original em inglês.), de 2014, com mais de 18.000 pessoas em todo o mundo, mostrou que, dentre aqueles que considerariam vivenciar o processo de *coaching*, as motivações mais citadas foram definir suas próprias Forças e fraquezas (47%), seguido pelo desejo de maximizar seu próprio potencial (41%). Essa motivação principal para o *coaching*, centrada na exploração de Forças e liberação do potencial de um indivíduo, é a razão pela qual eu criei o processo de *Coaching* de Forças da *Authentic Strengths Advantage*.

Qual é a Vantagem Autêntica das Forças?

Defino a *Authentic Strengths Advantage* como **um processo que ajuda as pessoas a se conectarem às suas paixões autênticas e aos seus propósitos: suas contribuições pessoais para o mundo**. A contribuição pessoal é elevada à máxima potência quando atingimos nossas Forças, essa parte essencial de nós mesmos, a qual

O que é o *Coaching* de Forças?

nos energiza e dá à vida sabor. O potencial para a grandeza é inerente a todo indivíduo. Como membro da *Federação Internacional de Coaching*, eu corroboro com a crença central da FIC de que as pessoas são "*naturalmente criativas, engenhosas e completas*". Quando você coloca o *Coaching* de Forças em prática, está reconhecendo que o/a *coachee* intuitivamente tem as respostas e soluções dentro de si mesmo(a). O trabalho de um *coach* de Forças não é impor sua própria opinião, vontade ou mesmo boas intenções sobre o outro. Em vez disso, **os melhores líderes e *coaches* sabem inspirar e permitir que as pessoas expressem suas autênticas versões no trabalho, criando as condições para um desempenho superior sustentável**. A autenticidade é central para o *Coaching* de Forças porque é a chave para engajar totalmente as pessoas a realizarem contribuições distintivas e significativas, não apenas no trabalho, mas também nas muitas facetas de suas vidas pessoais.

Recentemente, dei uma palestra sobre Forças para uma das maiores corporações policiais nos Estados Unidos. Eu tinha sido avisada para não esperar muita interação ou adesão dos capitães e tenentes presentes. O líder do treinamento disse: "*Não deixe que eles a intimidem, Fatima. Você provavelmente verá muitos rostos vazios e estoicos; e eles podem até ser abertamente hostis à Psicologia Positiva. Não espere que eles falem muito*".

O que encontrei foi o oposto. Quando discutimos que a carreira de policial tem algumas das maiores taxas de suicídios, divórcio e abuso de cônjuge em comparação com quaisquer outras profissões, eles ficaram ansiosos por uma cura para os seus problemas. O desafio — eles me falaram — é que para sobreviver nas ruas, em momentos de estresse, você tem que ser muito rápido e eficaz em seguir a formação altamente qualificada que recebeu. E como seria se eles também pudessem treinar a resiliência e ainda desenvolver a capacidade de baixar a adrenalina para obtenção de um maior nível de clareza emocional e mental o mais cedo possível? E mais: se eles pudessem desenvolver as muitas Forças que são devotadas a neutralizar o estresse pós-traumático? Eles estavam tão energizados pelas habilidades e ferramentas do *Coaching* de Forças que, muitas vezes, eu não conseguia fazê-los parar de falar em seus grupos no tempo hábil a fim de seguir para o próximo tópico!

Um dos capitães veio até mim depois do treinamento e comentou que gostaria de ver o *Coaching* de Forças levado para o sistema prisional: *"Você poderia imaginar o impacto se nós fornecêssemos essas informações para cada novo preso? A maioria deles provavelmente nunca teve alguém que os ajudasse a identificar suas Forças de Caráter"*.

Neste livro, ofereço um processo prático de três etapas que levará sua vida e as vidas daqueles sobre os quais você exerce a sua influência para uma direção gratificante, além de suas expectativas. Por meio desse processo, você irá **explorar** suas Forças de Caráter, verá como estas propiciaram o sucesso anterior e aprenderá como recriar o sucesso à vontade. Desenvolverá o uso de suas Forças, tanto no campo pessoal quanto no profissional, com motivação sustentável, e estabelecerá metas, amparado pelas Forças. Finalmente, você **aplicará** as suas Forças de Caráter usando um processo semanal alicerçado no princípio da progressão positiva — tudo isso enquanto honra as Forças dos outros.

A importância do *Coaching*

Coaches tornaram possível o sucesso dos outros desde priscas eras. Os anciães tribais foram reverenciados por sua sabedoria e consultados para prestar orientações. Os antepassados das nações e as matriarcas estabeleceram padrões para a civilização. E, ao longo do tempo, a maioria das pessoas nomearia seus pais e avós como seus melhores *coaches*. Tanto a família nuclear quanto a estendida, bem como as estruturas de apoio, têm desmoronado. Por isso, encontrar um *coach* sábio se tornou mais desafiador, e até ainda mais importante, para aqueles que querem se destacar.

Todos nós enfrentamos contratempos e desafios pessoais. Aprender com o fracasso faz parte da grandeza tanto quanto o sucesso. A maneira pela qual você se recupera e cresce é o que faz a diferença. O olhar atento e a perspectiva aguçada de um *coach* de Forças oferecem uma vantagem sustentável para melhorar o desempenho: reverberando as Forças únicas existentes na pessoa que está sendo treinada e inspirando o uso das Forças de Caráter de formas novas e, muitas vezes, surpreendentes e melhores.

O trabalho mais importante de um *coach* é oferecer encorajamento – cuja origem vem do latim *cor*, ou seja, coração – ou dar aquilo que vem do coração e inspirar. Reflita sobre isso por um instante. É uma dádiva saber que a tarefa mais relevante que você pode exercitar é ser um encorajador para si mesmo e para todos aqueles que estão ao seu redor.

Ninguém chega ao topo sem ser levado ou carregado parte do caminho. Se você está aplicando o *coaching* em si mesmo, sendo *coachee* ou aprendendo para ser *coaching* dos outros, o *Coaching* de Forças traz o melhor de você, do seu cônjuge, do seu filho, do seu colaborador, da sua equipe, do seu chefe, da sua organização: de qualquer um e de todos que você procura influenciar positivamente.

Sua *coach*,
Fatima Doman

EXPLORAR
AS FORÇAS

"Cada um de nós recebeu talentos únicos e importantes. É para nós aventura e privilégio descobrir a nossa própria luz especial."

Mary Dunbar

"Qualquer processo de transformação começa com a autoconsciência: conhecer-se a si mesmo. No estágio exploratório do *Coaching* de Forças, visitamos brevemente o passado em busca de contexto para entendermos melhor os padrões de vida então vigentes e como as Forças permitiram o nosso sucesso. Mas o objetivo do *Coaching* de Forças é avançar rapidamente para o presente, no qual o trabalho de crescimento ocorre e aprender a recriar o sucesso à vontade, e ao mesmo tempo, definir claramente nossa visão do futuro ideal para '*toda a vida*' impulsionada por nossas Forças."

Fatima Doman

Se você parar para dar carona ao diabo, ele eventualmente vai querer **dirigir**.

Dito do cancioneiro *folk* norte-americano.

Capítulo 1
Silencie o Crítico, descubra o *Coach*

"Mudar as coisas destrutivas que você diz para si mesmo, quando você experimenta os contratempos que a vida reserva para todos nós, é a habilidade central do otimismo."

Dr. Martin E. P. Seligman

"Se você ouvir uma voz dentro de você dizer '*você não pode pintar*', então pinte! E essa voz será silenciada."[1]

Vincent van Gogh

Considere uma musicista de concerto de alta *performance* que, em sua busca por perfeição, é dolorosamente autocrítica cada vez que comete um erro. É aquela voz interna crítica a chave para o sucesso dela? E se houvesse uma maneira melhor e mais sustentável de trazer o mesmo ou maior nível de excelência? E se a chave para liberar a grandeza for silenciar o Crítico Interno e, em vez disso, descobrir o *Coach* Interno?

Eu fiquei profundamente comovida quando testemunhei uma poderosa demonstração de *coaching* por Benjamin Zander, numa conferência sobre o *Coaching* com base na Psicologia Positiva, na Faculdade de Medicina de *Harvard*. Ben, maestro da Orquestra Filarmônica de Boston, trouxe um incrível quarteto de cordas para o evento. Quando o mais novo integrante do quarteto cometeu um erro, Ben fez os músicos pararem no meio da peça que eles estavam executando. A expressão de dor da violinista era excruciante quando ela se bateu no topo da cabeça como gesto de frustração.

Forças Autênticas

"Eu preciso que você se levante e jogue os braços para o ar e diga 'Que interessante!'", Ben benevolamente instigou a musicista. Por um momento, ela vacilou, olhando para ele intrigada. Ela tentou fazer como o maestro pediu. *"Bom"*, ele disse. *"Agora tente de novo."* Ele a instruiu a repetir as palavras e o ato de lançar seus braços. Eventualmente ela estava sorrindo largamente e descontraída o suficiente para continuar tocando.

Em vez de transformar um deslize numa ocasião para medo e humilhação, Ben acolheu-a com exuberância, neutralizando a vergonha. Ele demonstrou algo inesquecível para todos ali presentes. Enquanto ali estava, arrebatada não só pela música, mas também pela experiência de testemunhar como um erro poderia ser transformado em uma oportunidade "interessante" para a aprendizagem, eu fui tomada pela emoção. Era possível sentir a liberdade dos espíritos dos músicos enquanto eles se entregavam de todo o coração para a música, e o restante da apresentação foi cheia de entusiasmo. Era como se as notas e o movimento tivessem mais conexão do que eu jamais experimentara antes. A remoção do pensamento negativo de uma tradicionalmente embaraçosa experiência foi um momento transformador, tanto para os músicos quanto para a audiência.

Testemunhando como Ben ressignificou o negativo abriu algo novo para mim. Fui para aquela conferência me sentindo decepcionada com algo que ocorrera no trabalho. Não foi nada tão significativo assim: eu tinha acabado de inadvertidamente programar a mensagem de férias do *e-mail* com datas erradas. Um colega de trabalho com um aguçado olhar crítico enviou um *e-mail* para outro colega com uma observação maldosa sobre o deslize. Tratava-se de alguém com quem eu queria trabalhar num projeto. Então, me penitenciei por não ter percebido o erro, por não ser perfeita.

Depois da apresentação instigante de Ben, eu refleti: *"O que posso aprender sobre mim mesma a partir deste incidente de trabalho?"*. Ponderei por alguns momentos e decidi: eu posso ir mais devagar e ter tempo para revisar minha produção. Sou capaz de amadurecer e focar no que é importante para mim, não no comentário negativo de outra pessoa. Não devo abrigar e cultivar nada de mal em mim, mas posso dizer: "*Que interessante!*".

Enquanto presenciava, da minha cadeira, Ben transformar um erro em uma experiência de crescimento, minha frustração sobre o meu próprio desempenho desapareceu. Meu coração parecia mais leve. A voz do meu Crítico Interno foi calada, e, em silêncio, pude ouvir o que precisava: comemore a vitória de não se colocar para baixo. "*Essa é uma grande vitória*", meu *Coach* Interno me disse. "*Você está fora do banco de reservas e entrará no jogo.*"

Se vamos conversar conosco mesmos sobre o que fizemos, por que não sermos encorajadores, em vez de punitivos? Por que não elogiar nosso progresso, em lugar de salientar o passo em falso? O desafio é nos desenvolvermos a partir de nossos erros, em vez de permitir que eles nos encolham. Deixei a apresentação desse quarteto de cordas sentindo que eu também poderia fazer músicas bonitas, brincando com uma paixão que nunca senti antes em meu próprio campo profissional. Não que nós queiramos deliberadamente cometer erros, mas aprendi que posso alcançar meu mais alto nível de desempenho sem o medo do fracasso, porque o revés pode ser uma oportunidade para aprender e crescer. Você nunca sabe quando um revés pode acontecer. Isso é viver no reino das possibilidades e não em uma sala de torturas.

Artistas famosos entendem a importância de serem objetivos e criativos quando buscam por soluções e incentivam o monólogo mental. Quando nós usamos uma linguagem negativa, culpada ou autodepreciativa, em essência, estamos dizendo que somos vítimas: que não influenciamos nosso próprio destino. Quando pensamos obsessivamente sobre todas as coisas que nos causam estresse, perdemos de vista as opções criativas para solucionar nossas questões. Consequentemente, nós temos menos tempo e energia para gastar com aquilo que nos ajudará a mudar a nossa situação para melhor. Mesmo que sua esfera de atuação criativa pareça pequena, eu o/a encorajo veementemente a manter o foco nela. Aquilo em que você se concentra cresce, e, pouco a pouco, sua criatividade se expandirá. Você se surpreenderá com quanto o seu leque de opções aumentará.

Verifique seu *mindset: coach versus* crítico

Fui exposta a um poderoso modelo de pensamento durante a minha Certificação em *Coaching* na Universidade de Columbia. Eu o adaptei e o transformei numa ferramenta para os meus clientes de *coaching*, nomeando-o como **modelo *Coach*/Crítico**. Ele permite que os *coaches* definam estilo de pensamento, comportamento e resultados, o que pode ajudá-los a melhorar seu estilo de *coaching*. Esse modelo também pode ser repassado para os *coachees* para auxiliá-los a entenderem melhor como eles próprios se veem e atuam em relacionamentos pessoais e profissionais.

Outra forma de utilização é introduzir o modelo no *coaching* de equipes para a criação de um ambiente de trabalho mais positivo. O modelo é uma ferramenta para esclarecer quando e quanto um indivíduo está sendo dirigido por um *coach* ou por um crítico. O objetivo, claro, é aumentar o tempo dedicado a ouvir o *coach*. Solicito aos meus clientes que se levantem enquanto leem cada coluna de palavras e percebam como seus corpos se comportam e respondem às palavras que caracterizam cada estilo de pensamento. Fico constantemente impressionada com os *insights* que essa simples atividade evoca neles. Em todas as vezes, sem falhas, eles relatam reações na forma de sensações físicas, mentais e emocionais. Não é de se surpreender que as pesquisas da Psicologia Positiva tenham mostrado semelhantes correlações entre mente-corpo com padrões de linguagem e pensamento.

CRÍTICO INTERNO	COACH INTERNO
Orientado para problemas	Orientado para soluções
Mindset fixo	*Mindset* de crescimento
Culpa/Julgamento	Aprendizagem
Desrespeito	Respeito
Dono da verdade	Curioso
Medo das mudanças	Aberto às mudanças
Tudo ou nada	Pensamento criativo
Usa "mas"	Usa "e"
Procura por ofensa	Procura por intenção

Coach/Critic Model, © 2014 *Authentic Strengths Advantage*. (Adaptado do Programa *Learner/Judger Model* de Certificação em *Coaching* da Universidade de Columbia. Fonte: Marilee C. Goldberg, **The Art of the Question**, 1998, p. 161-178, no original em inglês).

RELACIONAMENTO COM O CRÍTICO	RELACIONAMENTO COM O *COACH*
Competitivo	Cooperativo
Individualista	Espírito de Equipe
Ameaçado pelas diferenças	Valoriza as diferenças
Defensiva	Diálogo/*feedback*
Busca conflito	Busca harmonia
Medo das mudanças	Dinâmico, crescente

Coach/Critic Model, © 2014 *Authentic Strengths Advantage*. (Adaptado do Programa *Learner/Judger Model* de Certificação em *Coaching* da Universidade de Columbia. Fonte: Marilee C. Goldberg, *The Art of the Question*, 1998, p. 161-178, no original em inglês).

O Crítico: sabotador da criatividade

Os músicos são notórios por serem autocríticos. Segundo uma pesquisa relatada num artigo no *The Music Quarterly*, músicos em 78 orquestras americanas, britânicas e alemãs classificaram sua satisfação no trabalho como menor do que a dos agentes prisionais.[2]

A abordagem positiva de Ben Zander ao *coaching* dos músicos impulsionou a audiência e, ao mesmo tempo, a satisfação dos componentes de sua orquestra, dentre outros efeitos positivos. Transformando uma nota errada tocada, uma experiência tradicionalmente humilhante, numa celebração da aprendizagem, ele silenciou a voz do crítico e aumentou a voz do *Coach* Interno, o que ajudou a banir os sentimentos negativos. Isso permitiu uma abordagem positiva a um desafio para a musicista. A intervenção do maestro tirou a vergonha paralisante, o medo e a negatividade daquele instante e transportou a experiência para um lugar totalmente distinto: um em que aceitamos os erros como parte do processo de aprendizagem. Um significativo subproduto de mostrar interesse em examinar uma falha sem culpa é que nós provavelmente não cometeremos aquele particular erro novamente.

Em vez de arriscar a perder a alegria de estar tocando música, Ben decidiu assumir que ele estava trabalhando com músicos fenomenais, cada um deles dignos de nota máxima. Na verdade, o maestro nos disse que sua primeira tarefa dada a todos os seus alunos é escrever um artigo sobre de que maneira ganharão um 10 no final do curso. Ele exige que todos os seus alunos levantem os braços para o alto e exclamem *"Que interessante!"* quando não executam as notas à perfeição.

Experimente. O golpe do crítico, cujo constante julgamento é tão útil quanto um soco no olho, será imediatamente interceptado e desviado. Aliás, a Filarmônica de Boston apresenta-se constantemente num momento em que outras orquestras vão à falência. O patrocínio esmagador seria graças à alegria e confiança que aparecem na música?

Uma vez que você abra a porta para o seu Crítico Interno, estará, em essência, entregando as suas chaves para um motorista cujo julgamento pode não ser de seu agrado. O crítico pode sequestrá-lo e levá-lo a lugares nos quais você nunca quis parar. Pode ser um passeio perigoso.

Limitando os pensamentos negativos

O *Coach* Interno é o oposto do Crítico Interno. Pensamentos que trazem desespero ou desânimo se tornam desagradavelmente frequentes, eliminando o seu *Coach* Interno e impedindo que as suas Forças de Caráter se expressem. **Um desejo sincero de mudar e se tornar melhor é muito diferente dos sentimentos de desespero ou desânimo, que nos paralisam.** Pensamentos negativos são mentiras que sabotam, drenam e perturbam. Se você sofre com esses sentimentos, é um sinal de que seu Crítico Interno está direcionando suas ações.

Aaron Beck, pai da Terapia Cognitiva, começou ajudando os pacientes a identificar e avaliar pensamentos negativos. O psiquiatra norte-americano chegou à conclusão de que, ao fazê-lo, eles foram capazes de pensar de maneira mais realista. Isso, por sua vez, levou-os a se sentir melhor emocionalmente e a se comportar de modo funcional. O especialista descobriu que pensamentos distorcidos têm um efeito negativo sobre nossos estados emocionais e comportamentais. Beck ajudou as pessoas a se tornarem conscientes de seus pensamentos distorcidos e lhes ensinou como desafiar seus efeitos. Seu Crítico Interno prospera em formas deturpadas e imprecisas de pensar, como catastrofizar, ou seja, esperar pelo pior (*"Este projeto está fadado ao fracasso."*), pensamento ou tudo ou nada (*"Ela nunca responde/sempre responde dessa maneira aos meus e-mails"*), ou, ainda, desvalorizando experiências positivas. (*"Ele só ajudou esse projeto, porque ele queria o crédito."*)

Abra suas asas e voe

Uma das minhas clientes lutou com problemas de saúde relacionados ao estresse, incluindo a ansiedade intensa que seu médico diagnosticou por intermédio de um monitor cardíaco em duas ocasiões diferentes e sugeriu que ela buscasse por *coaching* de gerenciamento de estresse. Esposa dedicada e mãe que lidera uma organização sem fins lucrativos na Europa, ela é uma grande realizadora e um modelo para os outros. Esta mulher foi atormentada por medos e dúvidas que causaram tal intensidade de sofrimento que ela ficou incapacitada por horas ou, uma vez, até mesmo por um dia inteiro.

Em uma de nossas primeiras sessões, ela compartilhou brevemente comigo memórias da infância que ela pensou estarem distorcendo sua perspectiva adulta. Ela foi criada em um lar amoroso, mas foi cercada por doenças e excesso de cuidado. Assistiu a um parente lutar com uma doença terminal, desde o seu nascimento até a sua morte prematura aos 20 anos.

Ela sofria em três frentes: a) seu Crítico Interno era tão dominante que ela não conseguia ouvir mais nada b) o estado negativo resultante silenciou o *Coach* Interno — o qual, de outra forma, teria sido capaz de orientá-la para afastar-se de tal angústia — c) e sua cabeça estava preenchida com pensamentos persistentes e debilitantes. Ela estava presa na ruminação do medo.

Depois de praticar a atuação de um *Coach* Interno positivo, afirmativo e de monólogo interno, por meio de pensamentos e frases encorajadoras durante períodos de ansiedade, o Crítico Interno

Forças Autênticas

perdeu um pouco do seu poder. Ela começou a encontrar evidências baseadas em seu importante trabalho numa organização sem fins lucrativos para combater a fala do Crítico Interno de que ela era um fracasso. Quanto mais luz ela derramava nos próprios medos, trazendo-os para a superfície, mais eles se encolhiam. Isso permitiu que ela se concentrasse em substituir os pensamentos negativos por reflexões objetivas fundamentadas na realidade.

Ela começou a monitorar seus padrões de raciocínio para se concentrar nos positivos e controlar seus medos irracionais e pensamentos negativos. Ela usou o ato calmante de exercícios de respiração em instantes de estresse e criou o hábito de ler algo inspirador para começar cada manhã. Sentiu-se tão mais segura que cada aspecto de sua vida melhorou dramaticamente. Seus problemas de estômago e dores de cabeça diminuíram. Apresentou uma mudança de perspectiva que a libertou para viver sem medo. Descobriu que, porque ela sentiu o medo, agora poderia reconhecer a coragem.

Em um relato feito a mim, ela disse que o que ela aprendeu durante sua experiência de *coaching* foi como superar sua preocupação obsessiva. Reconheceu que sempre há uma escolha, e uma delas é ser, como discutimos em *coaching*, uma "solucionadora positiva e criativa". Minha cliente ficou aliviada com o fato de que o processo de *coaching* não era sobre catalogar as culpas dos pais ou das circunstâncias passadas. Pelo contrário. Tratava-se de tomar a iniciativa para criar um amanhã novo e melhor. Ela descobriu que a fé num futuro mais feliz requer ação — você não pode simplesmente enunciar que tem fé; é preciso fazer algo concreto. ***"Eu escolho abrir minhas asas e voar como uma linda borboleta"***, escreveu ela, em vez de se encolher e se esconder como um tatu.

Quando você aprender a reconhecer um pensamento negativo debilitante tentando sabotar os pensamentos esperançosos do *Coach* Interno, afaste-o imediatamente. Enfrente pensamentos críticos refletindo sobre todas as razões objetivas pelas quais você deve rejeitá-los, ou dizendo para si mesmo: *"Isso simplesmente não é verdade"*.

Bem-vinda, positividade!

O psiquiatra judeu e sobrevivente do Holocausto Viktor Frankl, sob as mais difíceis circunstâncias imagináveis, usou a habilidade que apenas humanos possuem: escolher seus próprios pensamentos para criar uma visão pessoal significativa em meio ao caos infernal. Ele se libertou para viver plenamente, muito antes que os norte-americanos marchassem.

Enquanto passou por quatro campos da morte nazistas, incluindo *Auschwitz*, Frankl escolheu nortear seu comportamento e valores em sua autoconsciência, em vez de reagir à definição que lhe era dada por seus captores. Ele se viu falando para seus futuros alunos sobre as lições que estava aprendendo diariamente, usando seu poder inato para exercer suas opções, inspirando e desenvolvendo o potencial nos outros também.

Em suas próprias palavras:

> Nós que vivíamos nos campos de concentração podemos nos lembrar dos homens que andavam pelas cabanas confortando os outros, dando seu último pedaço de pão. Eles podem ter sido poucos em número, mas oferecem provas suficientes de que tudo pode ser tirado de um homem, menos uma coisa, a última das liberdades humanas: escolher a reação em qualquer conjunto de circunstâncias, escolher o próprio caminho.[3]

Ele estava efetivamente trazendo à tona seu *Coach* Interno, que silenciou com sucesso o sabotador.

Quando escolhemos ouvir o nosso *Coach* Interno evocando a melhor versão de nós mesmos, inspiramo-nos e aos outros a serem mais engenhosos e criativos. O barulho caótico do dia a dia da vida pode colocar o nosso melhor eu em risco de se perder. Para identificar o caminho que nos desvie das distrações da vida, devemos desenvolver a habilidade de dar voz ao nosso *Coach* Interno.

Forças Autênticas

Os benefícios do *Coaching* de Forças

Quando os cientistas sociais examinaram os efeitos do *Coaching* de Forças, eles encontraram benefícios importantes. Um *Coach* de Forças:

- Olha através da lente de Forças antes de enfrentar desafios;
- Cria segurança ao discutir questões difíceis, instigando confiança e esperança;
- Escuta ativamente e gasta o tempo que for para compreender totalmente;
- Permite conscientização das Forças e *insights*;
- Desafia você a encontrar suas melhores respostas;
- Orienta você à definição de metas com foco nas Forças; e
- Concentra-se em aspirações presentes e futuras, ao mesmo tempo em que o mantém responsável pela consecução dos objetivos de Forças que você mesmo definiu.

Quando as pessoas se beneficiaram desses resultados, a reflexão egocentrada diminuiu, enquanto os *insights* aumentaram. Em outras palavras, a redução da ruminação culminou em mais eficiente autorregulação de metas, o que, a seu turno, levou à melhoria da saúde mental, da qualidade de vida e da satisfação geral.[4]

Outro estudo mostrou que o *coaching* focado na solução melhorou o esforço para o atingimento de metas, o bem-estar e a esperança; e que os ganhos foram mantidos trinta semanas após a conclusão da intervenção[5].

Transformação motivada por perguntas

Muitas das questões mais difíceis da vida não são resolvidas pela mera existência de todas as respostas, mas, sim, formulando as perguntas certas. *Coaches* que fazem perguntas poderosas e provocativas ajudam indivíduos e equipes a gerar clareza real, propósitos e *insights*. Questionamentos constantes, autoavaliação e *feedback* fazem parte do processo vital de aprendizado, crescimento, desenvolvimento e melhoria de desempenho.

Silencie o Crítico, descubra o *Coach*

A natureza das questões também é importante. Em um estudo de Grant e O'Connor, duas abordagens foram estudadas em dois grupos distintos: o impacto de questões focadas na solução *versus* questões de *coaching* focadas no problema[6]. Embora ambos os grupos tenham melhorado o atingimento de metas dos participantes, a equipe focada na solução obteve resultados muito melhores. A positividade das questões motivou e energizou os participantes.

Exemplos de perguntas focadas na solução:

- Imagine que a solução para o seu problema tenha acontecido de alguma forma. Como seria?
- Quais são algumas das maneiras pelas quais você pode começar a se movimentar para criar essa solução?
- Qual o impacto que ela traz para você?

Exemplos de questões focadas no problema:

- Há quanto tempo isso é um problema? Como isso começou?
- Quais são seus pensamentos sobre essa situação?
- Como o exercício de pensar sobre isso impacta você?

Se você está exercendo o *coaching* em si mesmo ou em outros, seu trabalho como um *coach* de Forças é simples: faça perguntas abertas e orientadas para soluções, ou seja, sobre como, o que, quando etc. O uso de perguntas abertas, para as quais não há respostas fixas, lhe possibilitará acessar o conteúdo do que aconteceu e como o/a *coachee* está se sentindo ou respondendo à situação. Escutar empaticamente ajudará a descobrir a verdade acerca de como a pessoa está passando. As perguntas abertas permitirão que o/a *coachee* conte o enredo e os fatos, bem como sua reação a eles. Incentive a pessoa a não apenas enunciar ou refletir sobre soluções esperançosas, mas também a tentar *sentir* os efeitos dessas, fortalecendo assim as soluções por meio da motivação[7].

No final de cada Capítulo, incluí alguns exemplos do tipo de questionamentos de *coaching* que uso em minha prática de *coaching*. As perguntas do *Coaching* de Forças que uso estão enraizadas

Forças Autênticas

na Psicologia Positiva e são projetadas para construir força mental e emocional, e eu as chamo de **Perguntas Fortes** (N.T.: no original, *STRONG Questions©*. *Strong* além de ser o correspondente à palavra forte em português é também um acrônimo que será apresentado à frente pela própria autora.).

Estudos mostram que a melhor maneira de sedimentar o que você está aprendendo é ensinar a outra pessoa, dentro de um dia ou mais, enquanto as informações ainda estão frescas em sua mente. Se quiser internalizar os *insights* que aprendeu em cada Capítulo deste livro, encontre alguém — um colega de trabalho, um amigo, um familiar — e compartilhe o que você aprendeu com ele. Faça a si mesmo as instigantes Perguntas Fortes. Em seguida, tente usá-las em uma situação de *coaching*.

As perguntas orientadas para soluções são uma das ferramentas mais poderosas que você tem à sua disposição. A questão certa pode desbloquear um manancial de entendimento e desencadear um mundo de potencial.

Dica de *Coaching*

As Perguntas Fortes ao final de cada Capítulo ajudarão você a aplicar os princípios de *coaching* então apresentados. Use as perguntas a seguir para determinar se você está ouvindo seu *Coach* Interno ou seu Crítico Interno.

Perguntas Fortes: *Mindset*

- Que coisa "interessante" posso aprender com essa experiência desafiadora?
- Quais são os fatos nessa situação? O que realmente ocorreu?
- Que palavras exatas foram ditas e quais ações ocorreram, sem a minha interpretação?
- O que eu inventei/interpretei sobre a situação? Minha interpretação é completamente precisa?
- O que aprendi que mudou minha visão da situação?
- Como essa nova perspectiva mudou meu comportamento?
- Estou usando a linguagem do *Coach* Interno ou do Crítico Interno?
- Quem e o que estou capacitando?
- Qual é a melhor maneira, orientada pelo *coaching*, de responder?
- Quais seriam os resultados positivos de usar essa nova maneira de responder?
- Quais são algumas das coisas que eu poderia começar a fazer hoje para provocar essas mudanças?

"Em essência, os *coaches* desviam a atenção do que causa e direciona a dor para o que atrai e impulsiona as pessoas para a frente. Eles seguem o **rastro dos sonhos**."

Dra. Carol Kauffman

Capítulo 2
Movendo o foco das fraquezas para as fortalezas

"Forças de Caráter são o combustível e o leme que impulsionam e dão direção aos nossos talentos."

Dr. Neal H. Mayerson

Imagine que tenha encontrado uma flor em botão em seu jardim – você vê o botão, mas não tem certeza de qual flor desabrochará. Se você tem um desejo preconcebido ou a exigência de que seja um e não outro tipo, uma orquídea e não um gerânio, ou uma tulipa e não uma rosa, ficará desapontado quando o tipo "errado" florescer. Você vai se concentrar no que está errado e tentar transformá-lo naquilo que quer que seja e, ao fazê-lo, vai prejudicá-lo e impedi-lo de alcançar seu potencial. Aquele botão, então, murchará.

Infelizmente, o mundo está repleto de murchamento e de pessoas murchas, porque os outros ao seu redor não respeitam e nutrem seus caracteres inatos, desvalorizando sua singularidade. Muitas vezes, o alto volume da crítica interna junta-se a esse jogo esmagador e aniquila a autenticidade de uma pessoa, ao tentar moldá-la a algum ideal preconcebido.

Martin Seligman, Ph.D., o pai do movimento da Psicologia Positiva, explicou em seus livros inovadores — *Felicidade Autêntica e Florescer*[1] —que, uma vez que sabemos quais são nossas melhores qualidades, elas abrem um caminho vital para o engajamento no trabalho, nos relacionamentos e na vida. Graças à novel ciência da Psicologia Positiva (a qual se concentra no que é positivo num indivíduo) em contraposição à antiga abordagem focada no problema, agora podemos ajudar as pessoas a identificarem as Forças de caráter

Forças Autênticas

que definem quais são as melhores versões de si mesmas. Qualidades essas que, quando alimentadas, podem se traduzir em bons resultados em todas as áreas de suas vidas.

A pesquisa de Forças de Caráter do Instituto VIA é uma ferramenta cientificamente válida, testada e analisada por especialistas do mesmo grau de seus pares ou *peer-reviewed*, processo empregado na determinação da qualidade, antes de ser disponibilizada. Essa ferramenta tem o poder de ajudar as pessoas a se concentrarem "no que são fortes" (suas Forças), em lugar de "naquilo que estão erradas" (suas fraquezas). Por exemplo, o resultado da pesquisa pode mostrar as Forças de Caráter como qualidades, a exemplo de Liderança, Gentileza e Criatividade. (Você encontrará informações no final deste Capítulo sobre como ter acesso à versão gratuita dessa pesquisa.)

Como duas décadas de pesquisa no campo da Psicologia Positiva e como centenas de estudos já demonstraram, pessoas que expressam mais as suas Forças tendem a ser mais felizes, mais engajadas, energéticas, resilientes, menos estressadas e capazes de alcançar maiores feitos.

Para entender completamente a razão pela qual as Forças de Caráter são tão importantes, nós precisamos primeiro saber o que os seres humanos querem. Todos nós temos algumas necessidades fundamentais que incluem expressar quem somos, sermos reconhecidos, valorizados e aceitos pelos outros, e além de sentirmo-nos parte de algo maior do que nós. Esses são os nutrientes básicos que alimentam a psiquê humana. O ambiente corporativo é um cenário perfeito para atender a essas necessidades: para expressarmos a versão autêntica de nós mesmos, para reconhecermos e sermos reconhecidos e para fazer parte de um propósito maior. O mais importante aspecto de nós mesmos — que queremos saber ser reconhecidos e compreendidos pelos outros — são as nossas Forças de Caráter: isso é fundamental para que nos expressemos.

Vamos começar analisando a questão da singularidade. Todas as coisas vivas, pessoas incluídas, têm tendências inatas que nos tornam seres únicos. Embora, certamente, compartilhemos muitas semelhanças, nossa singularidade é o que nos define como indivíduos, pois se comunica com nosso caráter e com o que valorizamos em nós mesmos. Infelizmente, muitas vezes vemos pessoas como pedaços de argila a serem moldados para certas especificações ou funções no trabalho que satisfaçam os nossos desejos, ignorando as necessidades particulares delas no processo. Enquanto objetos inanimados podem ser talhados como quisermos, o mesmo não se aplica aos organismos vivos, sem lhes causar danos.

Se você vir uma borboleta lutando para se libertar do seu casulo, o seu instinto pode ser "ajudar" a criatura em sua metamorfose. Mas, fazendo isso, você destruirá a capacidade da borboleta emergente de fortalecer suas asas e se tornar o que pretendia ser: uma beleza gloriosa e alada que ajuda a polinizar flores. De fato, se você interferir, a borboleta morrerá. As pessoas controladoras tendem a pensar que são "donas da verdade", mas os líderes verdadeiramente sábios são os que criam as condições para as pessoas florescerem e planarem.

O que são as Forças de Caráter?

Em poucas palavras, **as Forças de Caráter são aqueles aspectos da sua personalidade que distinguem o que há de melhor em você e são coletivamente responsáveis por suas maiores realizações e completude**. Conforme explicamos anteriormente, os cientistas identificaram vinte e quatro Forças que são os blocos básicos que definem a nossa individualidade como pessoas, do ponto de vista psicológico. Cada um de nós possui todas as vinte e quatro Forças em vários graus e combinações[2].

Essas Forças de Caráter são universalmente valorizadas – nos países desenvolvidos e subdesenvolvidos tanto do Ocidente quanto do Oriente. Os psicólogos que militam no campo da Psicologia Positiva as conceituam como traços positivos, que são benéficos para nós mesmos e para aqueles com quem convivemos. Elas nos levam a emoções, relacionamentos e conquistas

Forças Autênticas

positivas e nos colocam diante de atividades envolventes e significativas na vida. Nós florescemos quando identificamos e exercitamos nossas Forças[3].

Cada um de nós expressa essas Forças em variados graus. Isso nos leva para o próximo recurso do relatório do VIA sobre Forças de Caráter: se quisermos, nós temos a capacidade de aprender a desenvolver uma ou mais dessas Forças. Você não nasceu sem uma importante Força de Caráter; você pode, simplesmente, não estar focado em exercitá-la em particular, talvez causando atrofia.

Dr. Seligman, um dos cientistas sociais mais eminentes de nossos tempos, criou e liderou esse esforço para identificar o que há de melhor em seres humanos e como podemos intensificar o uso das Forças de Caráter para construir vidas melhores. Ele arregimentou mais de cinquenta acadêmicos de elite que passaram três anos estudando o tema, com o suporte de um orçamento de mais de um milhão de dólares. Baseando-se em escritos nos campos da filosofia, da religião, da teologia, das humanidades, entre outros, eles mostraram o melhor naquilo que nós conhecemos como a Classificação VIA de Forças e Virtudes do Caráter – um feito que foi elogiado pelo renomado psicólogo da Universidade de *Harvard* Howard Gardner como *"o desenvolvimento mais importante no campo da psicologia no passado meio século*[4]*"*.

Então, Seligman e associados desenvolveram uma forma científica de medir essas Forças de Caráter em indivíduos, o que resultou no Questionário VIA. Milhões de pessoas em todo o mundo já responderam a essa pesquisa para descobrir o que é melhor e mais nobre sobre si mesmos. Segundo outro psicólogo de *Harvard* Dr. Kauffman explica:

> Como *coach*, achei a pesquisa de Forças do Instituto VIA timidamente radical. Muitos clientes nunca tiveram suas Forças avaliadas e descobri que a simples leitura dos resultados da pesquisa os ajuda a reconhecerem ou a se entenderem de novas maneiras[5].

Não é "bom *versus* mau"

A abordagem tradicional sobre o caráter é moralista, resultando em julgamentos reducionistas para saber se uma pessoa é boa ou má. Essa abordagem leva a programas que prescrevem um punhado de Forças de Caráter para indicar a maneira como todos nós "deveríamos" ser. Pragmaticamente, o Instituto VIA reconhece que a bondade humana pode ser expressa de várias maneiras e permite que cada pessoa alce voos cada vez maiores para encontrar sua própria maneira de viver uma "boa vida".

Assim como as características faciais, nossas Forças de Caráter se juntam de forma a definir nossa singularidade. Dessa forma, enquanto abordagens tradicionais levam a esforços para que nos tornemos todos iguais, a abordagem das Forças nos permite acolher o que nos torna únicos. Avaliar o caráter de uma pessoa não é tarefa menos complexa do que classificar seus atributos físicos. Uma descrição justa de ambos acaba sendo a enumeração de uma variedade de características.

Talento intensificado

O talento é tido como o que uma pessoa pode fazer bem e as Forças de Caráter podem ser definidas como o que uma pessoa **gosta** de fazer, o que intensifica esse talento. Um dos pontos mais importantes da abordagem do Instituto VIA é a distinção entre o talento e as Forças de Caráter. Enquanto os talentos são importantes, o que eleva você a um nível mais alto é a conexão deles com suas Forças de Caráter: quem você é em seu núcleo. Então, uma pessoa pode ter em si uma habilidade musical inata, porém nunca desenvolver qualquer talento ou capacidade relacionados a ela. Ou, talento e capacidade podem ser exercitados por meio de aulas de música e prática, quando, então, essa pessoa pode se deparar com maneiras de direcioná-los: *"Que tipo de música eu quero tocar?"* ou *"Que música fala comigo?"*.

Considere um pianista de concerto que tenha talento inato. Embora ele tenha desenvolvido esse talento, seu gênio musical é in-

Forças Autênticas

tensificado pela ligação do seu talento e da sua capacidade com suas Forças de Caráter: com quem ele é como pessoa, com qual tipo de música gosta de tocar e com o que faz sua criatividade fluir. Por causa disso, ele ouve, experimenta e sente a música em um nível elevado. Suas Forças de Caráter são o que o tornam mais empenhado e vivo em sua atividade. A liberdade de expressar talentos, como eles se apresentam unicamente em cada pessoa, é o que dá ao mundo parte das melhores expressões da arte, música, ciência etc.

No *coaching*, um dos meus principais objetivos é intensificar o talento dos meus clientes, de tal sorte que eles possam experimentar uma profunda satisfação e engajamento, exatamente como o pianista. O mundo está cheio de adultos, cujos pais insistiram em lições de música, mas que nunca foram encorajados a encontrar o tipo de música com o qual eles poderiam se conectar, resultando em abandono da música, assim que eles saíram da esfera de controle dos pais. Uma pessoa estará totalmente engajada quando os talentos e as Forças de Caráter formarem uma união. Como o Dr. Neal H. Mayerson, fundador do Instituto VIA, descreve:

> As Forças de Caráter são as asas sobre as quais nossos talentos se elevam.

A Assinatura de Forças

O relatório da pesquisa do VIA mostra quão fortemente cada uma das vinte e quatro Forças de Caráter são representadas em você. Todas elas são importantes e todas são ferramentas à sua disposição. As Forças de Caráter listadas na parte inferior do seu relatório não são consideradas pontos fracos: elas são simplesmente aquelas que você usa com menor frequência.

Voltemos nossa atenção para as diferentes categorias das Forças de Caráter. Primeiro, algumas delas são mais fortemente representadas em nós (e, portanto, estão no topo do relatório), e são essenciais para a nossa identidade, para quem nós somos. Essas são chamadas de **Assinatura de Forças:** como uma impressão digital, ela define nossa singularidade, posto que traz as Forças que representam nossos autênticos EUs, aquelas que parecem quase tão importantes para nós como respirar. Elas vêm naturalmente e nos sentimos energizados e quando as estamos expressando. E, quando os outros as notam em nós, nos sentimos compreendidos de uma maneira importante. Se somos incapazes de expressar essas partes de nós mesmos por algum motivo, poderíamos nos sentir sufocando ou morrendo por dentro. É por essa razão que focar em nossas Assinaturas de Forças e em como colocá-las em ação – no trabalho e na vida em geral – é tão importante.

Não raro, é possível encontrarmos listadas, dentre as Forças de média ou baixa intensidade, as que antes constavam na Assinatura, as quais, portanto, eram consideradas essenciais à nossa identidade e, por isso, nós as expressávamos frequentemente. Mas por causa da negligência ou do desânimo dos outros, agora nos valemos delas apenas raramente. No meu trabalho de *coaching*, eu ajudo as pessoas a reativar essa "Assinatura de Forças perdidas". Esse processo de reabilitação pode, de maneira poderosa, reacender a paixão e o propósito em uma pessoa que se sente como se a sua chama interior tivesse sido extinta.

Uso Ideal: Evitando Extremos

Quando me pediram para ser a *coach* do Jeff, vice-presidente de vendas de uma empresa de manufatura, tive sérias reservas em aceitar o trabalho. O presidente da empresa, Ryan, tinha me chamado como um último esforço para salvar seu VP de vendas de alto rendimento de ser demitido. Colaboradores de diversas áreas da empresa haviam registrado reclamações formais contra Jeff, pelo que eles chamaram de *"um estilo de liderança desmoralizante, crítico e baseado em medo, que algumas vezes, resultou em ameaças".* Eles queriam que Jeff fosse demitido. Mas o presidente da empresa queria salvar o emprego do Jeff, porque ele era um VP campeão de vendas, que consistentemente entregava resultados. Concordei, durante uma reunião com Jeff, em avaliar se o *coaching* poderia lhe ser útil.

Forças Autênticas

A primeira coisa que fiz foi pedir ao Jeff que utilizasse a ferramenta de autoconhecimento do Instituto VIA, a fim de descobrir suas Forças de Caráter, porque eu queria que ele abordasse a questão de um ponto de vista positivo. Fiquei chocada quando vi que Amorosidade era a Força número 1 do Jeff! Eu não fiquei tão surpresa em ver Bravura bem perto, e Prudência, Espírito de Equipe e Empatia no fim da lista.

Quando perguntei ao Jeff sobre a Amorosidade como Força número 1, sua resposta foi a de que ele realmente amava a empresa que ajudou a construir e que, muitas vezes, ele se sentia como o protetor e o gestor maior do futuro da companhia. Ele explicou que se irritava quando encontrava erros e que era muito corajoso em dizer às pessoas quando elas tinham feito algo errado. Eu rapidamente pude ver como Jeff estava "abusando" de seu amor pela empresa que ele ajudou a construir, bem como de sua bravura na interlocução com as pessoas. Além disso, ele estava subutilizando as Forças de Espírito de Equipe e Prudência, tanto por negligenciar as oportunidades de criar e consolidar relacionamentos pessoais e com a equipe quanto por não considerar a maneira pela qual seus comentários críticos poderiam ser interpretados pelos colaboradores de sua equipe. Era como se ele estivesse determinado a desenvolver a empresa sem compreender que colaboradores infelizes e amargos não contribuem para o cumprimento das metas.

Primeiramente, Jeff se empenhou em estender seu amor pela empresa por meio da mudança de direção da aplicação desse sentimento, expandindo-o, na forma de interação e apreciação, exatamente para as pessoas que ele mais havia ofendido. Ele, então, trabalhou diligentemente na construção de suas Forças com baixa dominância, como Prudência, pensando antes de falar, e Espírito de Equipe, encorajando a participação de todos, tratando-os com respeito. Ele pediu feedback sincero sobre como poderia melhorar e apresentou regularmente às mesmas pessoas que o deram, seu progresso naquelas áreas em que sua avaliação havia sido mais baixa.

Jeff não mudou da noite para o dia. Ele teve que se comportar de maneira consistente nesse novo modo por vários meses, para reconstruir a confiança nos relacionamentos arruinados. Mas, seis meses depois, Jeff novamente pediu *feedback* para os colegas de trabalho e, dessa vez, todos foram positivos: as pessoas estavam verdadeiramente surpresas com o esforço que ele empreendeu, e, depois desse período, começaram a acreditar que ele era sincero. Jeff não apenas salvou seu emprego, como se tornou sócio da empresa!

Quando subutilizamos ou abusamos de nossas Forças, muitas vezes, é por causa da perda de consciência e/ou perspectiva. Um exemplo dessa perda de consciência pode ser uma pessoa que é gentil e amistosa com os amigos, mas que descobre por meio do *feedback* que não aplica essas Forças nos relacionamentos profissionais. Até receber esse *feedback*, ela não sabia que estava subutilizando essa Força no ambiente corporativo.

No outro extremo, também podemos abusar das Forças presentes na nossa Assinatura quando perdemos a perspectiva[6]. Nossa Assinatura de Forças é composta por aquelas que expressamos mais prontamente, ou seja, pelas primeiras Forças que acessamos. Às vezes, falhamos em avaliar se existe real necessidade de recorrer a uma Força. Como um provérbio adverte: *"Aquele que é bom com um martelo pensa que tudo é prego"*. O uso excessivo pode nos causar problemas nas interações sociais. Por exemplo, uma pessoa muito prudente pode abusar dessa Força no trabalho em tal grau que os outros a percebem como opositora: uma pessoa que constantemente desencoraja a busca por inovação. Ou, uma pessoa altamente criativa pode falhar em perceber que uma tarefa ultrapassou o ponto de integração de novas ideias e agora precisa ser implementada. Ou, ainda, uma pessoa que ama o aprendizado pode continuar a estudar detalhes complexos sem trégua num processo, fazendo com que sua equipe se desengaje mentalmente. Nossa Assinatura de Forças pode ter tal magnitude de expressão que podemos abusar dela – seja em situações equivocadas, seja em intensidade[7].

Na minha prática de *coaching*, constatei que estas são as mais poderosas lições a serem aprendidas por uma pessoa: o uso ideal de sua Assinatura de Forças e a modulação dessas de acordo com qualquer situação. Trabalho com meus clientes para que eles aumentem seu nível de consciência sobre como usar suas Forças de Caráter, e isso resultou em avanços significativos. As Ilustrações 1 e 2 no Apêndice são exemplos de relatórios de classificação de Forças de Caráter para dar-lhe um modelo visual do que o seu próprio relatório pode vir a ser, depois que responder à ferramenta de avaliação do VIA.

Ao desenvolver as Forças de Caráter, encorajo as pessoas a procurarem pela "Felicidade Média", porque é evitando extremos de subutilização e uso excessivo que se atinge a ótima expressão das Forças. Às vezes, problemas nos relacionamentos são causados pelo uso excessivo ou a subutilização das Forças, bem como por ignorar o uso de outras Forças em certas situações ou com determinadas pessoas.

Além do perigo do uso excessivo, nossas maiores Forças de Caráter podem também ser áreas de vulnerabilidade, as quais podem deixar uma porta aberta para nos aborrecermos com os outros. Porque nos importamos tanto com nossas Forças, nós tendemos a esperar que os outros se importem tanto quanto nós e podemos nos chatear quando eles não agem assim. Veja o exemplo: uma pessoa que tenha a Imparcialidade em sua Assinatura de Forças tenderá a ficar muito chateada sempre que testemunhar outros (ou ela mesma) sendo tratados injustamente. Em outras palavras, nossas principais Forças são também nossos alarmes – aquele gatilho emocional que dispara quando os outros agem de maneira contraditória.

A subutilização ocorre quando não usamos uma Força de Caráter no nível certo de expressão ou negligenciamos seu uso em situações em que seria apropriado. O uso excessivo pode ocorrer quando usamos uma Força da Assinatura indiscriminadamente, em quase todas as situações. O que estamos buscando é encontrar o ponto de expressão ideal entre o uso excessivo e a subutilização. O objetivo é encontrar o "equilíbrio"[8]. Você encontrará a seguir uma tabela útil

Movendo o foco das fraquezas para as fortalezas

que detalha o uso excessivo e a subutilização, bem como o uso ideal das Forças:

SUBUTILIZAÇÃO	USO IDEAL	USO EXCESSIVO
Conformidade	Criatividade	Excentricidade
Desinteresse	Curiosidade	Intromissão
Irreflexão	Senso crítico/Mente aberta	Mente fechada/Cinismo
Complacência	Amor ao aprendizado	Dono da verdade
Superficialidade	Perspectiva	Arrogância
Covardia	Bravura	Imprudência
Fragilidade	Perseverança	Obsessão
Falsidade	Integridade	Retidão
Sedentarismo	Entusiasmo	Hiperatividade
Afastamento emocional	Amorosidade	Promiscuidade emocional
Indiferença	Generosidade	Indiscrição
Obtusão/Sem noção	Empatia	Detalhista
Egoísmo	Espírito de equipe	Dependência
Partidarismo	Imparcialidade	Desprendimento
Conformidade	Liderança	Autoritarismo
Implacabilidade	Perdão	Permissividade
Autoestima sem fundamento	Humildade	Autodepreciação
Caçador de sensações	Prudência	Rigidez
Autoindulgência	Autocontrole	Inibição
Esquecimento	Apreciação da beleza e da excelência	Esnobismo/Perfeccionismo
Individualismo áspero	Gratidão	Ingratidão
Negatividade	Esperança	Síndrome de Poliana
Seriedade excessiva	Bom Humor	Tolice
Incerteza	Espiritualidade	Fanatismo

Golden Mean, (Modelo do Instituto VIA de Caráter por Golden Mean. Todos os direitos são reservados. Uso autorizado pelo autor.) O nome das Forças de Caráter, constantes da coluna do meio, correspondem à tradução dos termos em inglês definidos pelo VIA usada na Jornada do Autoconhecimento da Caminhos Vida Integral.

Forças Autênticas

Forças Situacionais

Forças Situacionais são aquelas com as quais podemos contar quando necessário. Os cães não são conhecidos por suas habilidades em escalar árvores, mas, quando eu facilito os *Workshops* do Instituto VIA sobre Forças de Caráter, mostro a foto de um cachorro que subiu até o meio do tronco de uma árvore atrás de um gato! O cachorro está se aproveitando da capacidade de ocasionalmente acessar uma Força de menor dominância. As Forças Situacionais não são tão importantes na definição de quem nós somos.

Por exemplo, enquanto algumas pessoas podem ter Perseverança em sua Assinatura de Forças – o que significa que, em geral, eles trabalham de forma diligente –, outros que não a têm em sua Assinatura podem ser capazes de usar a própria vontade para eventualmente perseverar quando projetos profissionais requerem. Para o primeiro grupo de pessoas, perseverar representa o que eles amam fazer e, ao acessar essa Força, eles se energizam; mas, para o segundo grupo, ela é acessada somente quando necessária para a solução de uma determinada situação. Curiosamente, nessa situação, o fato de usar essa Força pode ser cansativo. A diferença entre as Forças Situacionais e as Forças da Assinatura é que as pessoas **precisam** expressar as últimas para se sentirem completas, enquanto é confortável recorrer às Forças Situacionais **somente quando necessário**.

Combinações de Forças

As Forças de Caráter raramente de manifestam sozinhas, pois ocorrem principalmente em combinações. Como as ligas metálicas (isto é, quando ferro e carbono se juntam para fazer aço), as combinações certas podem ampliar as Forças, fazê-las mais funcionais e até se complementarem. Tomemos como exemplo, Bom Humor e Empatia. Bom Humor aplicado com pouca Empatia pode ser ofensivo (como contar uma piada sobre o falecido no funeral). No entanto, quando Bom Humor e Empatia coexistem, essa combinação se torna cativante e poderosa em situações sociais, ajudando a criar relacionamentos fortes. Outros exemplos de poderosas combinações de Forças são Prudência e Criatividade, bem como Senso Crítico e Entusiasmo, porque eles equilibram e balanceiam um ou outro. Às vezes, nossas Forças de média dominância desempenham o papel de moderar nossas Forças de alta dominância para torná-las ainda mais intensas. Nossas Forças de alta dominância podem se combinar de maneiras inesperadas e extremamente poderosas.

Nos meus mais de vinte anos de *coaching*, ainda não encontrei ferramenta mais poderosa para o desenvolvimento da autoconsciência do que a compreensão da dinâmica das Forças de Caráter. Testemunhei melhorias dramáticas no sucesso pessoal e interpessoal quando as pessoas estabelecem metas que são autênticas e honram suas Forças, enquanto compreendem e honram as Forças dos outros.

Segue arte e uma lista das vinte e quatro Forças de Caráter, organizadas de acordo com seis categorias de Virtudes, de acordo com a classificação do VIA:

SABEDORIA	CORAGEM	HUMANIDADE	JUSTIÇA	TEMPERANÇA	TRANSCENDÊNCIA
Criatividade	Bravura	Amorosidade	Espírito de Equipe	Perdão	Apreciação da Beleza e Excelência
Curiosidade	Perseverança	Generosidade	Imparcialidade	Humildade	Gratidão
Senso Crítico	Entusiasmo	Empatia	Liderança	Autocontrole	Esperança
Amor ao Aprendizado	Integridade			Prudência	Bom Humor
Perspectiva		Forças e virtudes			Espiritualidade

Forças Autênticas

1. **SABEDORIA** — Forças cognitivas que auxiliam a aquisição e o uso do conhecimento:
   - **Criatividade** [originalidade, ingenuidade]: pensar em formas novas e produtivas de conceituar e executar coisas.
   - **Curiosidade** [interesse, busca por novidades, abertura para novas experiências]: ter interesse por qualquer experiência em curso, fascinar-se por temas e assuntos diversos; explorar/descobrir.
   - **Senso Crítico** [julgamento e mente aberta]: analisar as questões sob todas as perspectivas; não apressar a conclusão; capacidade de, por meio de evidências, mudar a opinião de alguém; não ter dois pesos, duas medidas, ou seja, dar a todas as evidências o mesmo valor.
   - **Amor ao aprendizado:** dominar novas habilidades, temas e conhecimentos, de maneira autodidata ou formal; obviamente relaciona-se com a Força da Curiosidade, mas vai além, pela tendência de sistematicamente adicionar informações ao seu repertório.
   - **Perspectiva** [sabedoria]: capacidade de dar sábios conselhos a alguém, possuir maneiras de olhar para o mundo que fazem sentido para si mesmo e para os outros.

2. **CORAGEM** — Forças emocionais que envolvem o exercício da vontade de atingir metas mesmo em face de barreiras, externas ou internas:
   - **Bravura** [valor]: não se acovardar diante da ameaça, do desafio, da dificuldade ou da dor; não se calar quando defende o que é certo, mesmo diante de oposição; agir com convicção mesmo sendo impopular; inclui força física, mas não se limita a ela.
   - **Perseverança** [persistência, diligência]: terminar o que começa; insistir na direção da ação sem se importar com

Movendo o foco das fraquezas para as fortalezas

obstáculos; transformar projetos em realidade; ter prazer em completar uma tarefa.

- **Integridade** [autenticidade, honestidade]: falar a verdade, apresentar-se de forma genuína e agir de maneira sincera; não fingir; assumir responsabilidade pelos sentimentos e ações dos outros.
- **Entusiasmo** [vitalidade, ânimo, vigor e energia]: encarar a vida com animação e energia; não fazer as coisas pela metade ou sem querer; viver a vida como se ela fosse uma aventura; sentir-se vivo e ativo.

3. **HUMANIDADE** — Forças interpessoais que envolvem acolher e ser amigável com os outros:
   - **Amorosidade:** valorizar relações estreitas com outros, em especial com aqueles em que a troca e o carinho são recíprocos; gostar de estar perto das pessoas.
   - **Generosidade** [bondade, cuidado, atenção, compaixão, amor altruísta, gentileza]: fazer favores e auxiliar os outros; cuidar das pessoas.
   - **Empatia** [inteligência emocional, pessoal e social]: ser consciente das motivações e dos sentimentos próprios e das outras pessoas; saber como se comportar para se encaixar em diferentes eventos sociais; ser capaz de inspirar o melhor nas pessoas.

4. **JUSTIÇA** — Forças cívicas que fundamentam a vida social saudável:
   - **Espírito de equipe** [cidadania, responsabilidade social, lealdade]: trabalhar bem como parte de um grupo ou de um time; ser leal ao grupo; fazer a sua parte.
   - **Imparcialidade:** tratar a todos sem distinção, de acordo com noções de equidade e justiça; não permitir que os sentimentos pessoais prejudiquem a tomada de decisões sobre os outros; dar a todos as mesmas chances.

- **Liderança:** encorajar o time de que faz parte para alcançar resultados, mantendo o bom relacionamento com todos; organizar atividades em grupo e as fazer acontecer.

5. **TEMPERANÇA** — Forças que protegem contra excessos:
   - **Perdão:** perdoar a todos que tenham errado; aceitar as deficiências dos outros; dar sempre uma segunda chance para as pessoas; não ser vingativo.
   - **Humildade:** deixar as próprias realizações falarem por si; não se considerar melhor do que ninguém.
   - **Prudência:** ser cuidadoso ao tomar decisões; não correr riscos indevidos; não fazer ou falar coisas das quais poderá se arrepender depois.
   - **Autocontrole** [autorregulação]: modular sentimentos e ações; ser disciplinado; controlar impulsos, desejos e emoções.

6. **TRANSCENDÊNCIA** — Forças que propiciam conexões com o Universo e fornecem significado um:
   - **Apreciação da beleza e da excelência** [reverência, admiração]: perceber e apreciar, nas experiências diárias, a beleza, a excelência e o desempenho habilidoso em diversos domínios da vida, da natureza à arte, da matemática à ciência.
   - **Gratidão**: ser consciente e grato pelas coisas boas que acontecem; expressar agradecimento.
   - **Esperança** [otimismo, olho no futuro]: esperar pelo melhor e trabalhar por ele; crer que um bom futuro é algo que se pode buscar.
   - **Bom Humor** [brincar]: gostar de rir e provocar; fazer as outras pessoas sorrirem.
   - **Espiritualidade** [fé, propósito]: ter crenças coerentes acerca de um propósito maior e do significado do Cosmos; saber seu lugar no Universo; cultivar crenças

Movendo o foco das fraquezas para as fortalezas

sobre o sentido da vida que confortam e moldam a própria conduta.

Classificação das Forças de Caráter do Instituto VIA | ©Instituto VIA do Caráter | Todos os direitos são reservados/Uso autorizado pelo autor.

Esboço de Vida e o efeito estilingue

Depois que meus *coachees* respondem ao questionário VIA, uma das primeiras coisas que peço a eles é que criem um Esboço de Vida que retrate visualmente os altos e baixos na vida de uma pessoa. Esse esboço ilustra momentos em que uma pessoa sentiu que estava florescendo (usando as Forças) ou murchando (suprimindo as Forças). Embora os vales "baixos" frequentemente representem tempos de murchamento, ocasionalmente um vale baixo pode ser a representação de um desafio, que foi o gatilho para o uso de Forças significativas.

Um exemplo disso é a batalha contra o câncer da minha amiga Ally. Ela sente que a experiência de "baixo" do câncer despertou Forças anteriormente subutilizadas e que as novas Forças descobertas têm sido uma fonte de grande satisfação para ela desde então. Eu chamo isso de *"efeito estilingue"*. Como um estilingue, às vezes nós nos encontramos retraídos e intensamente murchos diante de um desafio extremo. Então, reacendemos uma Força esquecida ou inexplorada que impulsiona nosso crescimento além das nossas expectativas.

O Esboço de Vida oferece às pessoas a oportunidade de revisitar as histórias vividas há anos, olhar para suas experiências de vida pela lente das Forças de Caráter e reformulá-las em maneiras que melhor as sirvam daqui para a frente.

Há pesquisas que demonstram o quanto as histórias são um poderoso catalisador para o desenvolvimento pessoal[9]. A própria história de vida de uma pessoa pode gerar lições poderosas e levar a *insights* úteis[10].

A seguir, está um Esboço de Vida criado por uma de minhas *coachees*:

Forças Autênticas

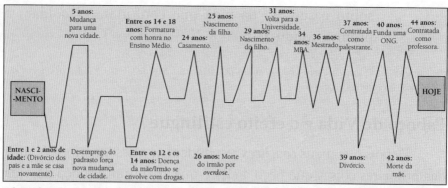

Esboço de Vida: Uso/supressão das Forças, ©*Authentic Strengths Advantage*, 2014 (Adaptado do *Mapa da Vida* do Programa de Certificação em *Coaching* da *Columbia University*; de Zeus e Skiffington (2003) em *The Coaching at Work Toolkit*; e de Tichy (2002) *The Cycle of Leadership: How Great Leaders Teach Their Companies to Win*).

Tiffany, a *coachee* que compartilhou esse seu esboço de vida, me enviou o seguinte *e-mail* sobre o poder de reformular suas histórias de vida de formas melhores para servi-la no presente:

> Recentemente, fui convidada a participar de uma pesquisa para ajudar na criação de um grupo de apoio às pessoas que estão passando pelo divórcio. Eu fui convidada porque passei por um divórcio e aceitei como um favor para um amigo. Uma coisa interessante aconteceu quando cheguei. Os participantes trocavam histórias de divórcio — quem deixou quem, quantos anos as crianças tinham, quantos anos têm os "novos" cônjuges/parceiros, o pedágio financeiro incorrido, o turbilhão emocional etc. Ao ouvir, fiquei surpresa por ter me sentido como uma "estranha no ninho". Eu não tinha certeza de como contar a minha história (se me perguntassem), porque ela não parecia mais parte da minha identidade. Não conseguia compartilhar com os demais os sentimentos de injustiça ou de justa indignação. Eu não poderia contar a história do ponto de vista de alguém que foi ferido, porque não me sentia mais assim.
> Para ser justa, eu poderia estar no centro dessa conversa há apenas um ano. Contei a minha história com tanto drama

Movendo o foco das fraquezas para as fortalezas

quanto qualquer um e, na realidade, ela se equiparava a algumas das melhores em termos de alto nível de prejuízo. Mas, naquele momento, ouvindo aquelas histórias, percebi o quão diferente eu vejo a minha agora.

Eu a reformulei mentalmente de tal maneira que ela não me define mais. É apenas parte da minha jornada de vida — uma curva à esquerda na estrada que eu pensei que seria à direita. Acontece que virar à esquerda levou-me a viver incríveis experiências. Virar à esquerda me ajudou a usar as Forças que eu nem sabia que tinha.

Durante anos, enquanto lecionava na universidade, quando eu aparecia para dar as minhas aulas no início de cada semestre, minhas primeiras palavras eram: "Eu sou Tiffany. Sou divorciada. Sou mãe solteira...". Hoje em dia, começo com: "Eu sou a Tiffany. Sou mãe de dois filhos incríveis...". Meu divórcio não é não mais quem eu sou. E quando eu olho para trás no espelho retrovisor, não vejo desastre, mas, sim, uma estrada gasta, cheia de experiências de vida que me ajudaram a moldar quem eu sou hoje.

O uso de uma folha para criar um Esboço de Vida pessoal tem vários benefícios. Em primeiro lugar, podemos determinar onde estamos expressando ou suprimindo nossas Forças de Caráter, examinando as experiências de vida. Nós também podemos notar padrões que permitiram sucessos anteriores e considerar como recriar essas condições para repetir os sucessos. Também é possível encontrar potenciais usos excessivos das referidas Forças, colisões ou pontos controversos. Adicionalmente, identificar temas e transições da vida geralmente desencadeia motivação para o *coaching*. A criação desse tipo de esboço adiciona clareza a uma vida que pode, caso contrário, parecer "difusa".

Você pode utilizar as Perguntas Fortes do Esboço de Vida para ajudá-lo ou a outras pessoas a identificarem mais efetivamente as Forças de Caráter.

PERGUNTAS FORTES: Esboço de Vida

- Que padrões eu observo nos vários estágios do meu Esboço de Vida?
- Que valores vejo refletidos nos eventos significativos? Expressão/uso de Forças ou supressão, apreciação ou desconsideração de Forças?
- Quais são as principais mensagens/*insights* do meu Esboço de Vida?
- Quais são as implicações para mim ao prosseguir com o *coaching*?

Exercício: Minha melhor versão

Peça a si mesmo (ou a um/uma *coachee*) para recordar um momento em que você estava tão motivado e envolvido num projeto que isso contribuiu para o sucesso. Preste atenção às Forças de Caráter que aparecem nessa história bem-sucedida. Tente ver elementos da experiência que podem ser recriados para melhorar uma situação atual ou para obter outro sucesso.

As nossas histórias de vida podem ser reformuladas para oferecerem uma compreensão melhor sobre quem verdadeiramente somos, e, nesse sentido, nos ajudar a agirmos mais positivamente no futuro, à medida que passamos das fraquezas para as fortalezas no caminho para identificar e utilizar as Forças Autênticas.

Dica de *Coaching*

Você pode descobrir seu próprio perfil de Forças do Instituto VIA. Basta acessar o site AuthenticStrengths. com e clicar no botão *TAKE THE FREE STRENGTHS SURVEY*: você será redirecionado para uma nova página, na qual, no alto à esquerda, poderá alterar o idioma para Português. É rápido e fácil. Depois de responder ao questionário, o download do relatório gratuito será imediatamente habilitado. No seu relatório, você encontrará uma classificação das suas vinte e quatro Forças de Caráter, mostrando as mais usadas no topo e as menos utilizadas, na parte inferior. Ao revisar seu relatório, é importante que você saiba que as Forças com classificação mais baixa não indicam uma "fraqueza", mas simplesmente, "Forças de baixa dominância", o que significa que você não as expressa com a mesma frequência que suas Forças principais. Por exemplo, pontuar pouco na Honestidade não significa que uma pessoa mente muito. A escala de Forças do VIA não avalia mentira ou desonestidade, tampouco outras fraquezas. Uma classificação mais baixa em qualquer Força significa apenas que você pode ter outras Forças que são mais ativas. Assim, uma pessoa com Honestidade na faixa de baixa dominância pode ou não mentir muito.

Forças Autênticas

Perguntas Fortes: Fortalecimento da Consciência

- Minha Assinatura de Forças reflete o verdadeiro e autêntico eu?
- Eu uso minha Assinatura de Forças com frequência e de maneira ampla em minha vida? Em casa, no trabalho e/ou na minha vida comunitária?
- Minha família e amigos seriam rápidos em identificar minha Assinatura de Forças?
- Sinto-me mais energizado quando estou usando minha Assinatura de Forças?
- Eu me sentiria vazio por dentro se não conseguisse expressar minha Assinatura de Forças por um longo período?
- Que feedback recebo quando uso excessivamente minha Assinatura de Forças?
- Quando minha Assinatura de Forças se torna um problema para mim?
- Que feedback recebo quando subutilizo minha Assinatura de Forças?
- Como me sinto quando expresso minha Assinatura de Forças na medida ideal?
- Quais Forças de Caráter normalmente combino para aumentar minha eficácia?
- Quais Forças eu usei quando obtive êxito no passado?
- Quais Forças usei para enfrentar uma crise ou um momento de estresse?

Uma das ferramentas mais eficazes que podemos usar para aumentar nosso **OTIMISMO** é focar e valorizar nossas Forças.

Fatima Doman

Capítulo 3
A Neurociência do otimismo

"A vida impõe os mesmos contratempos e tragédias ao otimista e ao pessimista, mas o otimista é mais bem-sucedido em lidar com estes."

Dr. Martin E. P. Seligman

O meu interesse naquilo que faz as pessoas felizes surgiu justamente porque cresci em circunstâncias em que a positividade era escassa. Nasci em Angola e sou filha de pais portugueses. Minha família migrou para os Estados Unidos como refugiados de guerra, quando eu tinha três anos de idade. Antes de fugirmos do país, nossa família foi uma das sobreviventes de uma noite em que quarenta outras em nossa região foram massacradas sob a cobertura da escuridão. Terroristas passaram de fazenda em fazenda dizimando famílias inteiras.

Embora isto tenha acontecido longe de onde morávamos, quando a manhã chegou e as notícias se espalharam, nossa pequena comunidade agrícola se reuniu em uma igreja local. Sobreviventes trouxeram colchões e provisões, e todos se amontoaram em busca de proteção. Homens com armas planejavam a resistência ao próximo ataque. As mulheres tentaram manter as crianças quietas e calmas por três dias até que a ameaça imediata passasse. Minha mãe descreve a cena, pois eu era jovem demais para me lembrar claramente. A imagem, no entanto, não é difícil de evocar em minha mente, tendo ouvido meus pais, com tamanha comoção, contarem a história muitas vezes. Sinto-me transportada de volta para aquele local e hora. Posso literalmente sentir o medo, o desespero e o estresse deles.

Meus pais perderam tudo o que tinham angariado pelo trabalho — sua casa e negócios — praticamente da noite para o dia.

Logo eles se viram em um novo país, incapazes de falar a língua e executando exaustivos trabalhos manuais, por horas a fio. Meu pai, um homem aventureiro em sua juventude, sentiu-se "enganado" pela "má sorte" e frequentemente lamentou, ruminando, sobre o que tinha perdido. Pressão alta e problemas cardíacos acabaram tirando sua vida muito cedo.

Minha mãe, uma mulher profundamente religiosa – embora afetada pelo estresse – fez o possível para se concentrar naquilo que era positivo. Eventualmente, no entanto, ela começou a sofrer de depressão e de outros graves problemas de saúde.

Apesar de seus desafios, minha mãe costumava ser um farol de luz para mim, uma mulher de grande fé e coragem. Ela era o frágil fio que manteve nossa família unida naqueles tempos tumultuados. Apesar de, por vezes, sua força vacilar sob as pressões de um estresse tão intenso, muitas vezes eu a ouvi dizer: "*Não temos sorte de ter vindo para os Estados Unidos? Nós somos tão abençoados por termos sobrevivido com a nossa família intacta*". Minha mãe, uma gentil e tímida mulher de 1,50m, era professora em Angola. Contudo, por causa da barreira da língua na América, ela se viu trabalhando em uma fábrica de perus, numa linha de montagem fria e úmida, removendo o peito do osso de ave após ave.

Ela voltava para casa visivelmente cansada, usando botas de borracha e capacete, com penas grudadas nas roupas. Mas mal tinha passado pela porta e já perguntava sobre nossas tarefas escolares. Ela nos encorajou a fazermos o nosso melhor na escola, sabendo que essa era a nossa esperança para uma vida melhor. Ia me buscar na escola secundária em seu antigo Ford Maverick verde, saía do carro usando sua rede de cabelo e botas e gritava: "*Fatinha! Estou aqui!*". Como uma envergonhada adolescente, às vezes me senti constrangida, desejando que ela me esperasse no carro, mas, hoje, me lembro daqueles momentos com profunda emoção e orgulho: minha mãe guerreira fazendo o possível para criar cinco filhos e colocar comida na mesa.

Meus pais eram pessoas boas, decentes e trabalhadoras que se esforçavam ao máximo, para além de seus limites, dados os desa-

A neurociência do otimismo

fios incomuns. Cresci sabendo que queria uma vida diferente para mim. Passei meus anos de juventude descobrindo como tornar a vida alegre, principalmente por meio da educação, do trabalho e do desenvolvimento espiritual. Tendo sido criada numa tradicional casa portuguesa, na qual o inglês não era falado, registrei o uso frequente de certos eufemismos e provérbios que meus pais repetiam regularmente. Frases como *"Ai, que miséria!"* eram comuns aos meus ouvidos.

Sempre desejei ouvir uma linguagem mais otimista de meus pais. Em uma idade relativamente jovem, me perguntei a razão pela qual algumas pessoas eram capazes de ter uma visão positiva da vida, apesar das dificuldades, enquanto outras, nas mesmas situações, pareciam esmagadas pelas circunstâncias incontroláveis.

Parecia que aquelas que lidam melhor com as dificuldades cultivavam maior frequência de pensamentos positivos e expressavam mais apreço pelas pequenas coisas da vida, desenvolvendo confiança em si mesmas e nos outros. Decidi ser uma dessas pessoas e me tornei determinada a viver como se fosse possível não apenas ter uma vida boa, mas florescer. Por exemplo, eu realmente não sabia como pagaria pelo meu ensino superior, então, consegui um emprego como secretária na universidade na cidade em que vivia, no Estado da Califórnia, justamente porque um dos benefícios era poder frequentar as aulas, o que me permitiu obter dois diplomas.

Comecei a viver como se pudesse ter uma vida diferente da qual eu estava fadada a ter dadas as circunstâncias em que nasci. Meu desejo de explorar profundamente o mecanismo que pode fazer com que as pessoas floresçam — não importando as circunstâncias — foi o que me motivou a investir vinte anos ensinando e praticando o *coaching* dos *7 Hábitos das Pessoas Altamente Eficazes* do Dr. Stephen Covey, o que me levou ao redor do mundo, trabalhando em todos os continentes, exceto a Antártida. Expandi minha prática de *coaching* para incluir as ideias transformadoras de algumas das mais influentes mentes dos pensadores positivos como Martin Seligman,

Stephen M.R. Covey, Barbara Fredrickson e Daniel Goleman. Esse apetite insaciável por entender o que permite que as pessoas prosperem me moveu a completar o Programa de Certificação em *Coaching* da Universidade de Columbia, quando pude assimilar as técnicas do *coaching* transformador que mudaram a jogo para meus clientes, assim como para mim mesma, e me inspiraram a fundar minha própria empresa de *coaching*.

Descobri que, independentemente da cultura, *status* socioeconômico e orientação religiosa, princípios positivos ressoam em praticamente todos seres humanos. Eu ensinei ao redor do mundo. Quando estive na Ásia, as pessoas comentaram sobre como os princípios pareciam sair do Budismo ou crenças taoístas; quando ministrei palestras na África, muitas vezes me falaram que o material era inspirado no Alcorão; ao trabalhar com hindus expatriados, ouvi dizer que o que eu estava ensinando parecia vir do *Bhagavad Gita*, e assim por diante. Percebi que as pessoas estavam com fome de uma maneira prática de aplicar suas Forças de Caráter profundamente valorizadas — independentemente da origem dessas Forças.

Viver e trabalhar entre aqueles que se esforçam para se concentrar no lado positivo cria uma base notável para apoiar sonhos e objetivos. Modificar minha maneira de pensar era como mudar de uma existência em preto e branco para viver em cores. Assim como a fé é o antídoto para o medo, o otimismo é a solução para os tempos ruins. **Quando você vira a chave do seu pensamento, seu cérebro capta a mensagem e envia novos sinais.**

Foi uma transição libertadora para mim. Passei a ver o mundo através de uma forte, poderosa e nova lente otimista. Essa transformação influenciou dramaticamente minhas ações, as quais me trouxeram novos e melhores resultados. É exatamente a mesma reação ocorrida em todas as pessoas nas quais eu já apliquei o *coaching*: a chave para a abordagem transformacional está na capacidade deles de enxergarem com novos olhos, de experimentarem uma alteração na percepção que melhor se adeque à busca para incrementar a qualidade de suas vidas e das vidas daqueles que os rodeiam.

Ondas cerebrais positivas

Richard Davidson, professor de neurociência da Universidade de Wisconsin-Madison, provou que monges que meditam sobre bondade e compaixão emitem ondas cerebrais mais poderosas e geram mais atividade na parte do cérebro responsável pelas emoções positivas. *"O cérebro é um órgão construído para mudar em resposta à experiência"*, observa Davidson, diretor do laboratório de Neurociência Afetiva. *"Nós podemos mudar nossos cérebros mudando nossas mentes."*[1]

O treinamento contínuo dos monges no redirecionamento de seus pensamentos e limpeza de emoções negativas de seus cérebros promove bem-estar na faixa das ondas-alfa (onda mental relacionada à serenidade). Em outras palavras, podemos modificar o sofrimento humano ordinário aprendendo a mudar nossas respostas às experiências. Ele também aponta que estudos firmados em dezenas de milhares de respostas a pesquisas revelam que relacionamentos, como o casamento, apenas proporcionam um "pico" de felicidade. Da mesma forma, estando as necessidades básicas atendidas, o dinheiro não garante a felicidade. Pelo contrário, estamos aprendendo que a felicidade é ativada pelos pensamentos positivos, um senso de propósito, emoções equilibradas e uma conexão com algo maior do que o Eu.

Martin Seligman tem o crédito por provar cientificamente que eventos negativos inesperados podem levar ao desamparo aprendido, o qual impõe uma duradoura espiral pessimista ao longo da vida por causa das expectativas habituais de adversidade e impotência. Porém, o mais importante traço de sua pesquisa foi a demonstração de que os pessimistas podem aprender as habilidades do otimismo[2]! E uma das ferramentas mais eficazes que podemos usar para aumentar nosso otimismo é focar e valorizar nossas Forças[3].

Nossos pensamentos

Quão importantes são nossos pensamentos para determinar o curso de nossas vidas? Cerca de 300 pesquisas científicas realizadas coletivamente com mais de 275.000 pessoas de todo o mundo mos-

Forças Autênticas

tram que quando estamos em um estado mental negativo, quando sentimentos de medo, raiva e desânimo são induzidos, nossa capacidade de resolver problemas diminui significativamente. Nós literalmente, retemos menos informações, percebemos menos opções para solucionar questões, lembramo-nos menos, temos menos paciência e somos mais irritáveis, o que nos induz a prejudicar relacionamentos e diminui nossa capacidade de influenciar positivamente a situação.

Em nítido contraste, quando os sujeitos do estudo se concentraram nos aspectos positivos por meio da leitura de livros edificantes ou vendo filmes inspiradores, seus sentimentos de fé, esperança e otimismo cresceram. Então, eles consistente e significativamente superaram os colegas de estudo que haviam sido expostos à negatividade. Independentemente se o sucesso foi medido como um relacionamento satisfatório, melhora da saúde ou pelo aumento da renda, o foco no que é positivo e as perspectivas importavam. Esse resultado emergiu de modo consistente.

A pesquisadora de Psicologia Positiva Barbara Fredrickson chamou isso de efeito "Ampliar e Construir", concluindo que quando as pessoas se concentram no positivo, elas veem mais conexões em quebra-cabeças, ou seja, mais soluções. Elas captam e lembram mais informações e são mais agradáveis de estar por perto e trabalhar junto, fortalecem seus relacionamentos e sua rede de conexões. Em essência, nossa capacidade de solucionar problemas e nossa inteligência literalmente aumentam após a imersão em influências enriquecedoras.

Pensamentos afetam cada célula de nossos corpos

A Organização Mundial da Saúde (OMS) previu que a depressão será a segunda principal causa de morte até 2020. Amplamente relatado como epidemia de saúde há mais de vinte e cinco anos, o estresse – geralmente um componente da depressão – continua a aumentar, com o trabalho proporcionando o principal ambiente estressor entre os adultos americanos[4].

Todo pensamento envia um sinal elétrico para o cérebro. Pensamentos afetam todas as células do nosso corpo, e a ciência está desco-

A neurociência do otimismo

brindo que os pensamentos podem ajudar ou prejudicar nosso sistema límbico profundo. Seja por não serem verificados até por avançar em insalubres ruminações, pensamentos negativos podem provocar estragos em todo seu sistema corporal. Estudos recentes sugerem que a falta de positividade pode ser mais prejudicial à saúde do que fumar, beber em excesso ou obesidade. Pesquisas revelam que pessoas que desenvolvem mais conexões afetuosas com outras pessoas pegam menos resfriados, têm pressão arterial mais baixa e apresentam menor risco de doenças cardíacas, *Alzheimer*, acidente vascular cerebral e alguns tipos de câncer[5].

Martin Seligman compartilhou suas últimas descobertas por meio de pesquisas sobre como a linguagem afeta o nosso bem-estar na Conferência Internacional de Psicologia Positiva de 2013[6]. Os pesquisadores revisaram a linguagem usada nos *tweets* categorizando 45.000 palavras no idioma inglês como *tweets* positivos (ou seja, ótimo, grato, interessante, descoberto, fabuloso) e *tweets* negativos (isto é, estúpido, ódio, várias obscenidades). Mais de 80 milhões de *tweets* em 1.200 municípios no leste dos Estados Unidos foram incluídos nesse exame. Ocorreram mais ataques cardíacos nos municípios onde mais termos negativos foram tuitados. Além disso, alguns dados mostraram que quando "*endurecemos nossos corações emocionalmente*", eles endurecem fisicamente também. Algumas pesquisas em pacientes cardíacos sinalizam que quando eles experimentam emoções negativas, as câmaras de seus corações endurecem e contraem-se[7]. Ser pessimista pode, aparentemente, matá-lo, ou pelo menos deixá-lo doente.

O Poder dos Pensamentos Fortes (N.T.: *STRONG Thoughts*© no original.)

> "*Tente impor esta tarefa a si mesmo: não pensar em um urso polar e você verá que a coisa amaldiçoada virá à mente a cada minuto.*"
>
> Fiódor Dostoiévski

Analisamos a natureza debilitante dos pensamentos negativos no Capítulo 1. Aprender a redirecionar rapidamente pensamentos

Forças Autênticas

negativos em positivos, em vez de suprimi-los, é uma das maneiras mais eficazes e rápidas de se sentir e agir melhor. Pesquisas também mostraram que as tentativas das pessoas de suprimir pensamentos podem realmente resultar em uma preocupação com os próprios pensamentos que elas estão tentando suprimir, um fenômeno ao qual os pesquisadores se referem como efeito rebote[8].

Nesse experimento, eles foram instruídos a não pensar em um "urso branco". Em seguida, foram orientados a tocar um sino cada vez que dissessem ou pensassem "urso branco". Curiosamente, quando comparado a um grupo que foi instruído a pensar nesse tema, aquele que foi solicitado a suprimir os pensamentos do urso branco realmente teve significativamente mais incidências sobre esse tópico. Os pesquisadores concluíram que as tentativas de supressão do pensamento tiveram um efeito paradoxal, sugerindo que a supressão pode, de fato, produzir o próprio pensamento a que se destina sufocar. Exames subsequentes apoiaram essa noção e confirmam falhas repetitivas das pessoas em suprimir com sucesso pensamentos indesejados[9].

Então, quando você pensa: "*Eu sou tão estúpido*" versus "*Eu vou parar de me chamar de estúpido*", seu cérebro realmente não sabe a diferença entre os dois pensamentos e simplesmente se fixa na palavra "estúpido". E se você substituísse o pensamento "*Eu sou tão estúpido*" por "*Na verdade, eu sou um reflexo da minha Assinatura de Forças de Caráter. Sou criativo, líder, socialmente inteligente, curioso e corajoso. Hoje vou me concentrar nessas Forças e usá-las para que eu me sinta melhor*". Sugiro criar um mantra ou frase das suas Forças de Caráter para usar quando surgirem pensamentos negativos.

Uma das minhas clientes de *coaching*, enquanto lutava contra o câncer, recitava um mantra toda vez que ela caminhava, como uma maneira de dissipar os pensamentos negativos, medrosos e ruminantes sobre a doença. Ela dizia para si mesma: "*Sou corajosa, perseverante e esperançosa. Eu vejo a beleza ao meu redor*". A chave para livrar-se de um pensamento negativo é substituí-lo por um positivo, como algo sedimentado em suas Forças. A seguir, é apresentado um

A neurociência do otimismo

processo de três etapas que eu uso com meus clientes para ajudá-los a transformar pensamentos negativos. A ferramenta Pensamentos Fortes está descrita a seguir.

Ferramenta Pensamentos Fortes

PASSO 1: OBSERVAR	Observe como a negatividade faz com que você se sinta. "*Eu sou tão estúpido! Não acredito que estraguei esse projeto! Eu sou uma fraude!*". Pensamentos negativos causam a liberação de substâncias químicas causadoras de estresse em nosso corpo, gerando tensão muscular, taquicardia, respiração ofegante, suor, tontura, perda de consciência e confusão mental. Contraste isso com o efeito dos pensamentos positivos no seu corpo: relaxamento muscular, baixo ritmo cardíaco, respiração profunda, energia, consciência e foco.
PASSO 2: SUBSTITUIR	Substitua pensamentos negativos por uma linguagem objetiva que use suas Forças que melhor se adequem à situação. Em outras palavras, observe o contexto como se você estivesse praticando o *autocoaching* e lembre a si mesmo de todas as possíveis maneiras que suas Forças podem ajudá-lo a lidar com o que está se passando ou a resolver a questão. Por exemplo: "*Eu estou aprendendo com essa experiência. Eu convoco minhas Forças do Amor ao Aprendizado, Empatia e Espírito de Equipe para ter uma conversa produtiva com meu chefe e assumir a minha responsabilidade na construção de nosso relacionamento e na confiança dele por mim*".
PASSO 3: AFIRMAR	Afirme sua visão autêntica sobre quem você é. Feche os olhos, respire profundamente várias vezes e visualize-se usando as Forças que acabou de convocar nas situações desafiadoras. Veja você mesmo se comportando de uma maneira superior, enobrecedora e mais produtiva. Acolha essas Forças em si mesmo até que se sinta diferente em relação à situação e a si próprio. Por exemplo, visualize os detalhes da conversa construtiva que terá com seu chefe e crie na sua mente as soluções que você quer.

Ferramenta *STRONG Thoughts©, Authentic Strengths Advantage*, 2014.

Forças Autênticas

O seu olhar determina seu rumo

Moro em uma cidade cercada por montanhas com muitas trilhas avançadas de *mountain bike*. Minha amiga Marissa, uma ávida ciclista de montanha, compartilhou um interessante *insight* comigo. Ela percebeu que quanto mais temesse bater em uma pedra, mais ela se concentrava nas pedras, e mais ela batia nelas! Ela decidiu, um dia, mudar seu foco e procurar os caminhos leves, em vez de se concentrar nos obstáculos. Ela afirmou que o passeio se tornou muito mais suave, pois literalmente foi para onde ela olhou. Marissa estava desfrutando de algo que a mundialmente famosa atleta olímpica Noelle Pikus-Pace e muitos outros atletas descobriram: o poder do foco e da visualização.

Noelle Pikus-Pace ganhou a medalha de prata de *skeleton* nas Olimpíadas de Inverno de 2014. Ela vive não muito longe da minha casa, em *Park City/Utah*, e eu a vi se recuperar de muitos contratempos devastadores ao longo dos anos — começando com uma perna quebrada num acidente de trenó — antes de finalmente alcançar seu sonho olímpico. Escorregar ladeira abaixo de cabeça na pista de gelo a 128 quilômetros por hora não é para os fracos. Quando lhe perguntaram o que faz mais diferença em uma prova bem-sucedida, ela disse: "É para qual direção você está indo. *O seu olhar determina o seu rumo*".

A citação me fez sorrir, porque essa afirmação simples é verdadeira no *coaching*. Para aquilo que direcionamos nossas vistas e corações se torna a trajetória de nossas vidas. Um dos comportamentos mais importantes que contribuem para o sucesso no alcance da meta é ter total clareza sobre o que você realmente deseja e, em seguida, com cuidado, visualizar cada passo ao longo do caminho. Depois de fazer isso, você pode buscar a vitória, porque o que a campeã olímpica de nossa cidade natal disse é verdade: "*O seu olhar determina o seu rumo*".

Visualização é a chave para o alto desempenho

A visualização é como um ensaio mental e foi bem-sucedida desde que os soviéticos a tornaram sua vantagem competitiva no esporte na década de 1970. Atletas de alto rendimento de todo o mundo regularmente invocam simulações mentais vívidas e extremamente detalhadas de seu desempenho atlético do início ao fim. O campeão mundial de golfe Jack Nicklaus certa vez afirmou: "*Eu nunca acertei, nem mesmo em treino, sem ter uma imagem muito nítida e determinada na minha cabeça*".

Estudos sobre o cérebro estão revelando que pensamentos podem produzir processos mentais semelhantes às ações. Os cientistas estão aprendendo que imagens mentais afetam nosso controle motor, percepção, atenção, planejamento e memória. Portanto, o real treinamento de desempenho ocorre no cérebro durante a visualização. Estamos aprendendo que as simulações mentais aumentam motivação e confiança e aprimoram o desempenho[10].

Exercício de Visualização das Forças (N.T: *STRONG Visualization©*, no original.)

1. **Visualize-se** com sucesso usando uma Força de Caráter mais adequada para uma situação desafiadora. Por exemplo, imagine-se numa reunião de trabalho em que você está aplicando sua Força de Espírito de Equipe para criar uma atmosfera de colaboração em seu time.

2. **Invoque** uma imagem mental clara, utilizando o máximo de sentidos possível. Visualize seu ambiente, incluindo sons e cheiros, quem estará lá, o que irá vestir etc., você pode combinar esta visualização com conversa interna, como: "*Eu gero Espírito de Equipe e Criatividade para meus colegas*".

3. **Pratique** essa visualização pelo menos uma vez por dia. Momentos oportunos para visualizar ocorrem durante os exercícios físicos, no início da manhã, quando se deitar para dormir à noite ou, ainda, em qualquer momento, num ambiente propício ao foco.

É possível melhorar nossas realizações criando uma imagem mental clara de nós mesmos e usando nossas Forças de Caráter com sucesso para lidar com uma situação desafiadora.

Neuroplasticidade

Podemos gradualmente desenvolver pensamentos mais produtivos construindo nossas Forças da mesma maneira que delineamos um músculo. O princípio da regularidade do exercício se aplica aqui: nossos novos pensamentos focados em Forças são desenvolvidos consistente e gradualmente e se tornam diariamente mais fortes. Quando meus clientes de fato se entregam ao *coaching* e começam a olhar honestamente para a conexão entre seus pensamentos e comportamentos, muitas vezes lhes pergunto: "*Como isso está ajudando você?*". Essa simples pergunta geralmente os leva a escolher conscientemente pensamentos e comportamentos focados nas Forças que os auxiliam a construir a visão de suas melhores versões e a conduzi-los a viver de maneira consciente, e não por padrões pré-concebidos.

Os cientistas estão aprendendo bastante sobre a capacidade do cérebro de se adaptar e se religar. O pensamento antigo era que nossos neurônios e células cerebrais eram limitados e não poderiam se recuperar após um acidente ou após certa idade. Na última década, os neurocientistas descobriram que o cérebro é muito mais mutável do que quase ninguém esperava. Esse fenômeno, conhecido como neuroplasticidade, evidencia que existem benefícios concretos e comprováveis em exercitar o cérebro para a obtenção de um melhor desempenho. O que nós pensamos pode literalmente mudar nossos cérebros.

Podemos nos engajar em práticas regulares que desenvolvem Forças em áreas que têm sido pontos fracos para nós: nas quais geralmente nos comportamos de maneira tal que, mais tarde, nos arrependeremos. Assim como o atleta que exercita um grupo de músculos ao longo do tempo para atingir melhores resultados no esporte, podemos desenvolver novos circuitos neurais com o tempo e, assim, melhorar a forma como nos apresentamos em nossas vidas pessoal e profissional — nossos relacionamentos, nosso trabalho, nossos hábitos de saúde e o quanto nos comprometemos e cumprimos qualquer objetivo em geral.

Florescendo em qualquer idade

Muitas pessoas se preocupam com o envelhecimento e com a pressão para aparentar e permanecer jovem. O mundo atual das revistas de *glamour* com fotos alteradas pode aumentar nossos níveis de estresse, impondo expectativas irreais e desanimadoras nas pessoas à medida que envelhecem. É encorajador ver as pessoas lidando com os estressores do envelhecimento com positividade, coragem e conexão com os outros. O periódico americano *Journal of Personality and Psychology* publicou um estudo que demonstrou que pessoas com atitudes positivas em relação ao envelhecimento viviam mais do que aquelas atormentadas pela negatividade sobre envelhecer. Entrevistas com centenários refletem como eles são pensadores positivos. Nossas atitudes e percepções têm um enorme impacto em nossa saúde e em como envelhecemos.

Quando o popular apresentador de televisão Regis Philbin, em 1993, soube que havia uma avó invicta de 74 anos de idade em uma equipe de tênis da faculdade, ele quis enfrentá-la. Minha querida amiga Lucy Dettmer ganhou. Ele quis uma revanche em 2006, quando a senhora tinha 86 anos, e ela o venceu de novo. Lucy ganhou trinta e seis campeonatos nacionais de tênis na categoria sênior desde os 74 anos. Seus dois últimos foram vencidos aos 90! Eu só comecei a ter aulas de tênis com Lucy e fico exausta ao final de cada sessão.

Perguntei à Lucy ao que ela atribui a sua longa vida e vibração. O maior fator, disse ela, "é *sempre pensar no positivo*". Sua filosofia é *"Escolha as coisas boas, não mexa com o resto"*. Lucy intencionalmente constrói suas Forças de Caráter, procurando por pessoas positivas e por literatura, arte, atividades e filmes inspiradores. Pense nisto: não me lembro de ouvi-la dizer algo negativo sobre alguém.

Lucy é aventureira e resiliente. Aos 62 anos, ela e o marido decidiram cruzar os Estados Unidos de bicicleta e com isso foram reconhecidos como as pessoas mais velhas a fazerem isso. Eles levaram quarenta e um dias de costa a costa. Até a data em que eles partiram na jornada, o mais longe que já haviam pedalado a passeio fora quarenta quilômetros!

Forças Autênticas

Ela também busca o que é honesto, autêntico e natural: "*Algumas pessoas trabalham* tão dur*amente para criar uma persona, e não é realmente o seu verdadeiro Eu*".

Quando Lucy perdeu o marido com quem foi casada por 65 anos, ela desafiou transcender sua sensação dolorosa e avassaladora de solidão, saindo e ajudando as pessoas: "*Todo mundo sente a perda, e você tem que descobrir como lida com isso... Você não pode esperar que as coisas boas caiam no seu colo — é preciso sair e encontrar as coisas boas, você precisa fazer isso*".

Lucy faz exatamente isso. Aos 96 anos, com sua filha Peggy oferecem seu tempo para confeccionar gorros de tricô para bebês em países do terceiro mundo. Embora não pertença a uma religião específica, ela trabalha numa igreja local ensinando inglês para a comunidade hispânica. Pesquisas mostram que pessoas que se envolvem em serviço voluntário vivem em média dez anos a mais do que outros que não o fazem.

Quando eu caminho com ela, Lucy costuma parar e apreciar todas as paisagens — apontando a beleza ao nosso redor, as flores se abrindo. Ela percebe todas as pequenas e ocultas belezas da natureza, difíceis de observar, e se deleita com elas. Eu a observo de perto nesses momentos de profunda apreciação da beleza ao seu redor, e é como se cada célula de seu corpo bebesse positividade. Ela parece tão energizada, viva e jovem durante esses momentos. A propósito, ela caminha energeticamente, e não raro, duas vezes ao dia, além de dar aulas de tênis, marcando onze a quatorze quilômetros por dia em seu pedômetro.

Qual é o segredo de Lucy para manter-se vibrante até os 96 anos? O que a torna tão especial? Cada um de nós pode desenvolver as Forças Caráter de Lucy de Gratidão, Apreciação da Beleza e Excelência, Esperança, Entusiasmo e Perseverança? Lucy acha que podemos. A boa notícia sobre permanecer ativo ao longo dos anos, segundo Martin Seligman, é que a criatividade melhora à medida que envelhecemos. As pessoas se tornam mais produtivas; elas querem fazer coisas boas para o mundo, especialmente com a maturidade. Colaboração, integração, habilidades de liderança e de persuasão crescem com a idade. Melhor ainda: todas essas Forças podem

80

A neurociência do otimismo

ser aprendidas e ensinadas, portanto, nós podemos "construir" um mundo mais criativo em qualquer idade.

Florescendo com Forças

Você pode aprender a ser mais feliz? Pesquisas sugerem que o prazer equilibrado (de curto prazo), com significado ou propósito (de longo prazo), promove a felicidade. Assim como é possível ter aulas de golfe ou lições de violino para promover o domínio do esporte ou da música, podemos ser treinados para a obtenção de equilíbrio emocional, o que nos permitirá operar de uma forma mais gratificante e num estado mais feliz. O filósofo grego Aristóteles disse que a realização adequada de nosso potencial leva à *eudaimonia*, que tem sido definida de várias maneiras como "felicidade" ou "florescimento humano". Florescer é permitir que outros floresçam também: isto é o que a tarefa do *coach* abrange.

Eu participei da palestra de Barbara Fredrickson no Congresso do Terceiro Mundo sobre Psicologia Positiva, em 2013, intitulado "Florescimento e Genoma", na qual ela descreveu suas últimas descobertas sobre o bem-estar "hedônico" (satisfação/interesse) comparado a um "eudônico" (fazer o bem, significado/propósito). Tanto o bem-estar hedônico quanto o eudônico são igualmente opostos à depressão, no nível da consciência, porque eles geram bons sentimentos e podem nos resgatar da depressão. Mas é significativo notar que eles têm efeitos diferentes no nível celular. Quando as pessoas apenas degustam as emoções positivas, estas não levam à resposta celular positiva, a menos que sejam canalizadas para um **propósito** positivo: para a ação. Fredrickson afirmou:

> Você pode relaxar por um tempo se tiver um pensamento positivo, mas esses pensamentos não geram o bem-estar celular real a não ser que você se comprometa com ações significativas e intencionais[12].

Pesquisa da Universidade da Califórnia, nos Estados Unidos, indica que as seguintes "recompensas eudônicas" têm um efeito posi-

Forças Autênticas

tivo na depressão, ansiedade, relacionamentos, pressão arterial, gastos excessivos, excesso de trabalho, comer demais e vícios:

- **Santuário**: Apresentar-se seguro e pacífico por dentro;
- **Autenticidade**: Sentir-se íntegro, aceitar-se e ser genuíno;
- **Vibração**: Demonstrar-se fisicamente apto, energético, com entusiasmo pela vida;
- **Integridade**: Estar ciente do propósito e honrar os princípios que são mais importantes para você;
- **Intimidade**: Conectar-se com segurança a si mesmo para não se mesclar com os outros ou se distanciar deles; capaz de mesmo estando afastado, permanecer próximo; e
- **Espiritualidade**: Ter compaixão por si e pelos outros[13].

Como você pode perceber, todas essas recompensas eudônicas estão diretamente conectadas à expressão de várias Forças de Caráter. Um conjunto cada vez maior de conhecimento sobre Forças capacita as pessoas a usá-las para beneficiar a si próprias e aos outros. *"O pensamento antigo costumava ser o de que, se você estivesse insatisfeito e frustrado, iria sair e mudar o mundo, gostando ou não"*, disse o Dr. Ed Diener, Presidente da Associação Internacional de Psicologia Positiva, durante uma entrevista que conduzi com ele. *"A nova ideia é a de que você realmente funciona melhor se estiver de bom humor. Encontre algo que você desfrute, que ajude as pessoas, e divirta-se fazendo isso"*[14]. Seus últimos estudos são sobre como o uso de nossas Forças de Caráter (Virtudes) afeta nossa felicidade. Sua pesquisa está mostrando que *"isso é essencial e universal e será válido para todas as culturas"*.

Atitudes positivas mudam tudo. Elas criam mais do que apenas bons sentimentos: geram a capacidade de sentir e expressar alegria, compaixão, empatia, amor, gratidão, reverência e sim, é claro, sucesso. E elas são a chave para se dar bem em vários campos, por exemplo nas relações sociais, na saúde, nas realizações profissionais, nas contribuições à comunidade e nas famílias estáveis e felizes.

Viva a vida "como se"

Sharon queria tanto ir para a faculdade que decidiu viver com a convicção de que isso iria acontecer. Seu pensamento foi um verdadeiro desafio à realidade, já que seus pais estavam cuidando e morando num armazém. Ela se matriculou e passou por todos os degraus para estar apta, sem saber como pagaria pelo curso universitário. Um mês antes do vencimento da primeira parcela, ela começou a receber cartas de amigos, familiares e membros da comunidade que ficaram tão tocados por sua fé inabalável que eles se sentiram chamados a contribuir um pouco por meio de um "presente de formatura". Quando ela precisou enviar um cheque para pagar o primeiro semestre, conseguiu dinheiro suficiente para um ano. Ela não tinha ideia de como seria capaz de frequentar a escola dos seus sonhos, mas conservava a fé inquebrantável de que se vivesse como se estivesse comprometida com a ação, os meios se apresentariam. E assim foi.

As estrelas da cena artística aprendem a deixar de lado o medo. Elas vivem com a convicção de que a vida funcionará melhor se forem otimistas. Quando a situação pede, elas aprendem a despertar Forças como Esperança, Perseverança, Criatividade e Bravura – para citar algumas.

Quando perguntado sobre o que foi fundamental para realizar a aparentemente impossível meta de oito medalhas de ouro nas Olimpíadas de 2008, Michael Phelps respondeu que só se permitia pensamentos positivos e transmudava o *feedback* negativo dos opositores em combustível para sua realização. Ele pregou artigos em seu armário sobre como seria impossível para ele ganhar oito medalhas de ouro e usou-os como inspiração para energizá-lo para alcançar algo novo e impensável. Ninguém pode dizer que ele não treinou para colocar seu corpo em forma para os desafios das Olimpíadas. Mas, tão importante quanto isso, ele se visualizou conquistando as oito medalhas de ouro.

Torne seu objetivo aproveitar o poder do otimismo, visualizando como você quer que sua vida seja!

Forças Autênticas

Dica de *Coaching*

> ### Dica de *Coaching*
>
> Anote suas respostas para essas perguntas em um papel e revisite-as. Estudos mostram que a anotação diária do que nos faz felizes e agradecidos aumenta significativamente nosso nível de satisfação com a vida. Incentive seus coachees a fazerem o mesmo.

> ### Perguntas Fortes: Foco
>
> Quais das minhas Forças de Caráter geram otimismo em mim?
> Quais das minhas Forças de Caráter me ajudam a lidar com o estresse e com a adversidade?
> Quais são minhas realizações e vitórias desde a semana passada? O que posso fazer melhor da próxima vez?
> Pelo que estou agradecido nesta semana?
> O que posso pensar ou visualizar todas as manhãs para abordar o dia com a lente das Forças?
> A minha perspectiva positiva é contagiosa para os outros?
> Quando, na última semana, me senti estimulado por músicas, pessoas, artes, esportes, ou, ainda, pela natureza ou por alguma descoberta da ciência? O que foi inspirador?

Negligenciar uma área-chave de nosso **EU** altera todo o restante.

Fatima Doman

Capítulo 4
Coaching Integral

"Sua mente afeta seu corpo. Sua saúde mental afeta sua saúde física. Isso, por sua vez, afeta sua saúde mental novamente. Estes não são sistemas separados. Eles estão entrelaçados e interconectados de maneiras sutis e sofisticadas, as quais você precisa compreender."

Dr. Mark Hyman

Parando para abastecer num posto de gasolina, há pouco tempo, percebi como muitos de nós estamos nos matando com nossas escolhas. O gerente da loja de conveniência do posto, um amigo meu, estava sentado em um banco do lado de fora, no seu período de folga. Ele estava fumando e bebendo um copo gigantesco de refrigerante. Com trinta e poucos anos, ele pesava algo em torno de 200 kg.

Cercado por bitucas de cigarro no chão, meu amigo parecia desesperadamente cansado e triste. Eu sabia que ele lutava contra a depressão e vinha negligenciando sua saúde física por um longo tempo. Ele ignorou seu corpo, seu veículo para viver. Obeso e fumante, provavelmente encontrava-se no grupo de diabetes (se já não fora diagnosticado), além de várias outras doenças evitáveis associadas ao tabagismo e à obesidade[1]. Seus problemas com a depressão não são incomuns, pois o diagnóstico dessa enfermidade aumentou exponencialmente nos últimos anos.

Não pude deixar de me perguntar o quão diferente poderia ter sido a vida dele, assim como a trajetória das pessoas ao redor dele, se os problemas de saúde do meu amigo tivessem sido tratados como um problema sistêmico. Ele não era simplesmente obeso, não apenas um fumante, tampouco era a depressão a resposta para seus problemas físicos. Ele estava preso num círculo vicioso, uma doença piorando a outra.

Combate à epidemia de depressão/ansiedade

A Organização Mundial da Saúde (OMS) estima que distúrbios relacionados ao estresse, como depressão e ansiedade, afetam mais de 300 milhões de pessoas de todas as idades. É a principal causa de incapacidade em todo o mundo[2]. Tanto o absenteísmo – sem vontade de ir para a escola, o trabalho ou a outras atividades – quanto o presenteísmo – estar fisicamente presente, mas com pouca disposição para se engajar ou realizar algo, afetam a sociedade[3]. Depressão e ansiedade são passíveis de atingir qualquer pessoa e estão no topo da lista de razões pelas quais os estudantes procuram ajuda nos serviços de saúde de suas universidades[4].

Na realidade, a depressão é agora classificada como a causa de morte que mais cresce; e já é a terceira principal causa de morte, superada apenas pelas doenças coronárias e diabetes[5].

Ela é frequentemente associada ao estresse e, cada vez mais, as pesquisas estão indicando a conexão entre ambos. Ainda segundo a Organização Mundial da Saúde, temos o chocante percentual de 18,1% dos norte-americanos com 18 anos ou mais que sofrem de algum tipo de transtorno de estresse ou ansiedade[6]. Isso representa quarenta milhões de pessoas, somente nos Estados Unidos. Os transtornos de depressão, estresse e ansiedade são um sintoma de muitas causas potenciais que devem ser exploradas por um profissional de saúde qualificado.

Embora existam muitos fatores que frequentemente pareçam intransponíveis, recorrer às nossas Forças de Caráter é uma das ferramentas mais poderosas e motivadoras que temos para criar um futuro mais saudável. Mudanças reconhecidas e sustentáveis requerem escavações profundas e desenvolvimento em tudo o que há dentro de nós, mas, sobretudo, permanece o fato de que não precisamos continuar inconscientemente tomando decisões prejudiciais à nossa saúde.

Ao envolver todos os quatro elementos — mente, corpo, coração e espírito — podemos praticar o *Coaching* **Integral**, que

Coaching Integral

é o contrário de episodicamente prestar atenção apenas às partes de nossas vidas que gritam por socorro. Por exemplo, à mente correspondem as habilidades, capacidades, pensamento crítico/criativo e foco mental. Para ser funcional, o corpo tem necessidades básicas que devem ser atendidas: abrigo, nutrição, descanso e tempo de recuperação. O coração deseja amor, confiança e respeito. Isso se traduz em relacionamentos saudáveis, amizades e conexões. O espírito é aquela parte de nós que anseia por significado e propósito, uma causa maior que o Eu. Quanto mais saudável você estiver em todas as quatro áreas, mais engajado será e melhor será o seu desempenho.

O gerente da loja de conveniência estava realmente na posse de um tesouro: suas próprias e autênticas Forças de Caráter. Com tempo e esforço, suas Forças recém-descobertas motivariam uma mudança saudável em seus comportamentos, o que renovaria sua mente, corpo, coração e espírito.

Forças e bem-estar

Prestar atenção e aproveitar ao máximo suas Forças de Caráter está associado a uma série de comportamentos positivos para a saúde, como promoção de sensação de bem-estar, viver uma vida ativa, buscar atividades agradáveis, alimentação saudável e valorização da aptidão física. Enquanto o Autocontrole teve as maiores correlações em geral em um estudo recente, as Forças da Curiosidade, Apreciação da Beleza e da Excelência, Gratidão, Esperança, Bom Humor e Entusiasmo também mostraram altas conexões com os comportamentos associados à saúde[7].

Além disso, Forças de Caráter têm sido altamente correlacionadas com subescalas de autoaceitação e propósito, bem como com boa saúde física e mental[8]. Em outro estudo, as pessoas que usam com frequência as suas Forças experimentaram maior bem-estar, o que foi relacionado à saúde física e mental. O uso das Forças foi um preditor exclusivo de bem-estar subjetivo[9].

Forças Autênticas

A energia é interdependente

Nossa energia é interdependente, assim como nossa economia global provou ser. Negligenciar uma área-chave de nosso EU altera todo o restante. "Conexão", "interdependência", "redes" e "sistemas" são palavras de ordem do Século XXI.

Se você está praticando o *autocoaching*, tem um *coach* ou é você próprio o *coach* de alguém, a obtenção de sucesso pode depender da abordagem de todos os aspectos do seu ser. A antiga receita para garantir a boa saúde era fazer exercícios físicos, consultar o seu médico para exames regulares e evitar carnes vermelhas. Na mesma linha, as organizações garantiam acesso a uma academia, seguro de saúde e opções vegetarianas no *buffet* do restaurante e a questão do bem-estar estava resolvida. Mas acreditamos que resultados mais eficazes podem ser alcançados se for dada a devida atenção aos sistemas integrados.

Embora alguns CEOs de sucesso e executivos exercitem-se regularmente, cuidando de seus problemas físicos e mentais e, ao mesmo tempo, liberando o estresse, eu fui *coach* de outras pessoas que estavam negligenciando por completo sua saúde, erroneamente pensando que a chave do sucesso estava na completa e total devoção às suas empresas ou organizações. Por meio do *coaching*, eles puderam constatar que esse desvio de atenção estava simplesmente diminuindo o tempo de suas próprias existências e negativamente influenciando a vida de seus colegas e das famílias. **Não existe um funcionamento ideal sem cuidar de nossas necessidades biológicas — descanso, recuperação, nutrição e exercícios físicos.**

Quando os problemas do sistema físico são resolvidos, o tratamento das causas primárias, em vez dos sintomas, as questões psicológicas igualmente se resolvem. O Presidente do Instituto de Medicina Integrativa, Mark Hyman, escreve:

> Todos nós já ouvimos falar da conexão mente-corpo ou de como nossos pensamentos afetam a saúde do nosso corpo. Mas o contrário é muito mais poderoso: o que

você faz ao seu corpo, sua biologia básica, tem um efeito profundo em seu cérebro[10].

Use suas Forças para renovar

Você pode aumentar seu desejo de renovar mente, corpo, coração e espírito usando suas Forças de Caráter para energizar suas atividades[11]. Por exemplo, se você tem, na sua Assinatura de Forças, a Apreciação da Beleza e Excelência, sua atividade de renovação do corpo pode ser caminhar ou correr ao ar livre, num belo parque. Se você possui Espírito de Equipe, sua atividade de renovação mental poderia ser organizar um grupo de leitura para discutir novas informações de um livro que interesse a todos. Se tem a Liderança, sua atividade de renovação do coração poderia ser organizar um passeio para conhecer mais pessoas no seu bairro. Se você exibe na Assinatura a Generosidade, sua atividade de renovação de espírito poderia ser doar seu tempo para alimentar os moradores em situação de rua. Quanto mais você conectar as suas Forças de Caráter às atividades que o renovam, maior será a probabilidade de você gostar e, assim, os comportamentos positivos se tornarão mais sustentáveis.

Renovando o corpo

Não há dúvidas de que a mente influencia o corpo. O Dr. Andrew Steptoe, da *University College London*, explorou a conexão biológica entre felicidade e saúde. A conclusão do trabalho foi publicada na revista *American Journal of Epidemiology* (Revista Americana de Epidemiologia). O estudo revelou que emoções positivas estão conectadas com as respostas biológicas que são "protetoras da saúde"[12].

Outra pesquisa, feita com 193 voluntários saudáveis da Universidade Carnegie Mellon, forneceu evidências de que a felicidade pode fortalecer o sistema imunológico, de acordo com o professor Sheldon Cohen[13]. Após a exposição ao vírus do resfriado, voluntários com altos níveis de emoções positivas eram mais resistentes à doença. Numerosos estudos apontam que a felicidade pode proteger contra o adoecimento, bem como prolongar a vida útil de indivíduos saudáveis.

Talvez a ferramenta mais poderosa que você tem para melhorar sua saúde, no entanto, é o seu garfo. As calorias não são todas iguais. Comida tem informação e fala com seus genes, de acordo com o Doutor Mark Hyman, ativando-os ou desativando-os. *"A comida é o medicamento prático mais rápido e poderoso que você pode tomar para mudar sua vida", afirma ele no livro Ultrametabolismo*[14]. As sete chaves para a ultrassaúde do Dr. Hyman incluem incrementar a nutrição, equilibrar os hormônios, diminuir a inflamação, corrigir a digestão, melhorar a desintoxicação, aumentar o metabolismo energético e acalmar a mente.

Obter a quantidade e a qualidade de sono que seu corpo precisa é fundamental. Estabeleça metas para sua aptidão física incorporando regularmente exercícios aeróbicos, de força e de flexibilidade. Inclua legumes frescos, frutas e vegetais e proteínas magras em sua dieta. Lembre-se de beber aproximadamente dois litros e meio (cerca de oito copos) de água diariamente. A desidratação pode causar pensamentos confusos, dores de cabeça e problemas de circulação sanguínea. Permita-se breves pausas após cada período de 90 minutos de trabalho, sempre que possível – isso aumentará o fluxo sanguíneo para o seu cérebro.

Renovando a mente

A média de trabalho de uma pessoa é de cerca de 11.000 dias entre meados dos 20 anos até os 65. É muito tempo se você não estiver satisfeito ou engajado na atividade profissional. O cérebro é como um músculo – se não o usarmos, ele se atrofiará. De fato, em um famoso estudo do cérebro de freiras católicas aposentadas que foram autopsiadas, após a morte entre os 89 anos, demonstrou que várias delas apresentavam lesões associadas ao Mal de Alzheimer, do qual elas não apresentaram sintoma algum em vida. Os pesquisadores concluíram que seus altos níveis de envolvimento com a comunidade e o esforço para aprender coisas novas literalmente as salvou da demência associada à doença.

No nascimento, o cérebro tem cerca de um trilhão de conexões neurais. Parece muito, mas — lembre-se — estamos falando de um cérebro de bebê. A melhor maneira de aumentar o número de conexões é começar uma atividade desafiadora que é uma novidade para você, como computadores e tecnologia, música ou um idioma estrangeiro. Flexione o "músculo" do seu cérebro para manter esses neurônios ativados e criando novas conexões. Os desafios devem oferecer novidade e diversão. Esforce-se para aprender algo novo.

De acordo com um estudo, ter aulas de piano por até quatro meses pode melhorar o desempenho dos jovens nos testes de matemática, em média, em 27%[15]. Algumas sugestões para se renovar mentalmente podem ser:

- Torne-se um leitor;
- Faça cursos divertidos que lhe interessem;
- Examine a *internet* para tópicos que alimentam sua mente; e
- Explore *hobbies* e encontre algo que lhe traga alegria.

Renovando o coração

O desenvolvimento da inteligência emocional pode nos ajudar a entender a fonte de nossas emoções e a estabelecer relacionamentos positivos conosco mesmos e com os outros.

Certa vez, quando eu estava dando uma aula sobre fortalecimento de relacionamentos, uma participante me puxou para o lado e disse que o maior *insight* para ela foi ter aprendido que não precisava levar ao marido todas as emoções negativas que sentia. Em vez disso, ela poderia trabalhar suas emoções sem sobrecarregá-lo com sua luta para encontrar uma solução pessoal. Percebeu que a chave para resolver seus problemas de relacionamento poderia estar na tomada para si própria da responsabilidade pela melhoria do gerenciamento de suas emoções e no ajuste da sua perspectiva a fim de que pudesse

Forças Autênticas

assumir seu lugar junto àqueles próximos a ela com uma sensação de clareza e otimismo.

Aprenda a usar declarações do tipo "Eu" como *Eu me sinto frustrado quando gasto horas trabalhando sozinho em uma tarefa que havia entendido que seria um esforço de equipe*", em vez de declarações do tipo "Você" como ""*Você sempre despeja o trabalho nos meus ombros, e não recebo ajuda!*". O uso da declaração do tipo "Eu" demonstra responsabilidade pelos sentimentos de alguém, enquanto ao usar a declaração do tipo "Você", a culpa é colocada no outro, fazendo com este imediatamente entre na defensiva no relacionamento.

Temos expectativas irreais sobre a outra pessoa? Fixação nas experiências negativas não é produtivo. O *coaching* pode nos ensinar a focar no presente, onde está a solução. Não há problema em, de vez em quando, visitar brevemente o passado para contextualizar, mas não é saudável morar lá. A ruminação constante pode ser o sinal de um "tipo de cérebro" que pode ser melhorado com nutrição direcionada, mudanças ambientais e modificação de comportamento, entre outras estratégias. Muitos profissionais de saúde competentes são especializados nessa área.

Reserve um tempo para nutrir seus importantes relacionamentos pessoais, identificando as Forças de Caráter das pessoas próximas a você e faça um esforço para passar um momento de qualidade com quem você ama. Melhore os seus relacionamentos profissionais, reconhecendo e valorizando as Forças de seus colegas.

Renovando o espírito

Ser voluntário é uma excelente maneira de nos renovar espiritualmente, e os benefícios pessoais que colhemos são um bônus: literalmente melhora a nossa saúde. As pesquisas mostram que aqueles que estão conectados à sua comunidade e retribuem experimentam um impulso em seus sistemas imunológicos, suas feridas cicatrizam mais rapidamente e pegam menos resfriados e outras infecções[16]. Lembre-se da minha amiga Lucy, que desfruta de uma vida ativa, vibrante, e está orientada ao voluntariado no nonagésimo sexto ano de vida?

Outras maneiras de se renovar espiritualmente repousam em ler biografias inspiradoras, ouvir músicas edificantes ou ser inspirado pela natureza. Estudos sobre positividade descobriram que pessoas que passaram vinte minutos ou mais lá fora, em clima ameno, experimentaram um aumento de humor. Eles também apontam melhora na memória, além de maior expansão e abertura da mente[17].

O empreendedor Clay Mathile, ex-proprietário e Presidente da *The Iams Company* e fundador da *Aileron* — uma organização sem fins lucrativos que promove empreendedorismo com base nos princípios de aprender, fazer e retribuir às comunidades — literalmente tentou reservar as sextas-feiras para o que ele chamou de "dias de céu azul". Ele descobriu que uma mudança de cenário e a manutenção de seu calendário aberto pelo menos um dia por semana o levaram a novas ideias e ao rejuvenescimento. Na *Aileron*, ele instalou uma sala de "céu azul" para uso dos empresários que visitam o centro.

Praticamente todos os estudos concluem que pessoas que praticam alguma forma de devoção espiritual são mais felizes. Espiritualidade pode envolver comprometimento com uma vida de integridade com nossos valores, ouvir músicas inspiradoras, servir em nossa comunidade ou praticar adoração espiritual que edifica. Um dos principais componentes da espiritualidade é sentir emoções positivas que conectam você a algo maior do que o Eu.

A conexão com as Forças de Caráter equivale a uma experiência de renovação espiritual, com desdobramentos internos e externos. De fato, usando suas Forças para renovar as quatro áreas do seu ser tornará o processo muito mais agradável e significativo!

A mudança de "não" para "sim"

"Fatima, meu câncer está de volta", disse um executivo que era meu *coachee* na Suécia. Steve, que lidera uma divisão de uma

empresa, já tinha vencido uma batalha contra o câncer e esta seria sua segunda rodada de quimioterapia.

Ele me afirmou, em nossa primeira sessão de *coaching,* que, quando estava sozinho em seu quarto, gritava consigo mesmo por não ser bom o suficiente. *"Você é tão idiota",* vociferava para o espelho. Embora exalasse confiança e habilidade para os outros, falou que, por dentro, não tinha confiança alguma; em parte — acreditava — era em consequência da excessiva crítica do pai, cuja voz se tornara a do seu Crítico Interior. Ele sentia como se estivesse desempenhando um papel e convencendo as pessoas a pensar que ele era uma pessoa capaz. Temia que, um dia, a fraude fosse descoberta.

A verdade é que ele era um líder extremamente competente e talentoso. Mas isso em nada alterava o fato de que esse homem bem-sucedido não tivesse confiança em si próprio e fosse tão infeliz. Teve vários casamentos fracassados e recentemente se envolvera com uma mulher casada que, no final, escolheu voltar para o marido.

Reconhecendo uma possível conexão entre sua autocrítica e a manifestação da doença, ele se comprometeu a começar a usar uma conversa interna positiva para silenciar seu Crítico Interior, imediatamente após perceber a ocorrência de pensamentos negativos. Gradualmente ficou mais relaxado e baixou a sua constante guarda. Como resultado, ele se mostrou mais autêntico e acessível aos seus colegas e amigos, os quais, por sua vez, fortaleceram e inspiraram a confiança em seus relacionamentos. Depois de fazer algum progresso em direção aos seus objetivos, recebeu uma promoção e a namorada casada o queria de volta, mas agora não tinha certeza de desejar se envolver com ela. Ou seja, quando ele finalmente estava fazendo melhores escolhas, seu câncer retornou.

Steve havia atingido todos os seus objetivos de *coaching* nos últimos três meses e tinha desenvolvido melhores relações com seus subordinados, mas ainda se sentia inferior, enquanto todos os outros o consideravam muito superior. Decidiu, então, começar dizendo "*Que interessante!*" como parte de sua autoaceitação e a descobrir o que as outras pessoas pensavam que ele estava realizando bem, ou seja, a olhar para si mesmo através de lentes menos críticas.

Para Steve dizer *não* a relacionamentos prejudiciais e a pedidos que o drenavam sempre foi muito difícil. Ele se considerava um "agradador". Conversamos sobre o conceito de que é mais fácil dizer *não* ao que não está lhe servindo quando houver um *sim* muito mais significativo, iluminando o caminho para você. Decidiu começar a dizer *sim* ao que era importante para ele, em vez do que era importante apenas para os outros. Disse *sim* para se exercitar, dormir mais e para uma alimentação melhor. *Sim* para terminar o relacionamento com a mulher casada. *Sim* para conhecer uma parceira emocionalmente disponível e abrir um espaço em seu coração e mente para um relacionamento saudável.

Dizer *sim* abriu um novo mundo para Steve. Ele identificou práticas saudáveis nos quatro níveis — mente, corpo, coração, espírito — as quais passaria a privilegiar. Steve já havia se sentido pesado e oprimido antes, mas as coisas ficaram mais leves; e foi divertido gastar tempo e energia com os vários *sins*. Muitas coisas melhoraram para ele, incluindo seus relacionamentos e sua saúde. Ele encontrou uma maneira de reformular o que era negativo, dizendo *sim* e evocando o que era bom para ele – o que realmente queria em sua vida – em vez de carregar o fardo de focar no que ele não queria.

A vitória da Vida Integral

Um relatório de 2009 da revista *Harvard Business Review* intitulado *What Coaches Can Do For You* (N.T.: O que os *Coaches* podem fazer por você, em tradução livre.) destaca a ligação direta entre *coaching* e aplicação na vida pessoal[18]. Mesmo quando as pessoas contratam *coaches* por razões profissionais (o que ocorre 97% das vezes), as conversas de *coaching* tendem a migrar para assuntos

Forças Autênticas

da vida pessoal em cerca de 76% do tempo (como equilíbrio entre vida profissional e pessoal, relacionamentos, manutenção de energia e assim por diante). Essas estatísticas indicam claramente que o *coaching* é mais bem-sucedido quando considera a pessoa como um ser integral.

Durante meus vinte anos treinando pessoas para alcançar uma vida melhor, usei muitas ferramentas de gerenciamento de equilíbrio de vida e tempo. Sintetizei o que considerei serem os principais componentes dessas várias ferramentas, incluindo a Roda da Vida do *Co-Active Coaching*, numa ferramenta que agora uso, com muito sucesso, no meu processo de *Coaching* de Forças[19].

Desenvolvi a Escala da Vida Integral (N.T.: *Whole Life Scale©*, no original.) para ajudar as pessoas a observarem profundamente as quatro áreas de suas vidas e a determinar metas específicas para criar maior satisfação não apenas pelo cultivo do equilíbrio, mas também de objetivos alegres e enriquecedores que permitam que elas prosperem.

Como você verá a seguir, a Escala da Vida Integral é composta por oito colunas, dedicadas às diferentes áreas da vida, como trabalho, diversão, ambiente físico, finanças, mente, corpo, coração e espírito. O exercício mede, numa escala de um a dez, sua satisfação naquele instante, em cada uma das áreas, no dia em que você realiza o exercício. Não é um boletim.

Quando você traçar a sua escala integral, poderá ver algum "espaço vazio" nela: as áreas da sua vida nas quais pontuou as notas mais baixas do que gostaria. Esse espaço vazio representa uma oportunidade para desenvolver as Forças de Caráter para gerar maior satisfação exatamente nessas áreas da sua vida. As lacunas onde você pode ter se classificado como altamente realizado devem ser comemoradas e usadas como guia para o desenvolvimento das demais áreas. Por exemplo, se você já sabe como usar as suas Forças de Caráter para criar satisfação na área do "coração" (relacionamentos), talvez possa reproduzir o processo bem-sucedido no desenvolvimento da área "trabalho" (engajamento/ desenvolvimento da carreira).

Coaching Integral

ESCALA DA VIDA INTEGRAL

A ferramenta da ASA Escala da Vida Integral mede o cumprimento em áreas-chave da vida. Pontue-se em uma escala de 1 a 10, sendo 1 o mais baixo nível de satisfação e 10 o mais alto. Explore maneiras de melhorar sua satisfação nas áreas em que pontuou menos. Celebre as áreas em que a pontuação foi mais alta e continue a desenvolvê-las.

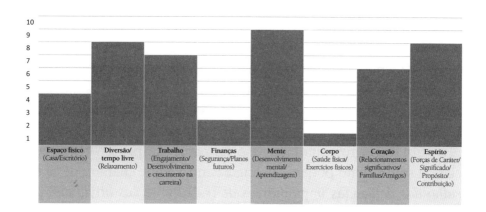

Uma das minhas clientes, gerente que atua em uma universidade, na qual recentemente foi promovida ao nível executivo, veio me ver pois estava intimidada pelas exigências de seu novo cargo. Longe de celebrar o sucesso, sua promoção foi tão estressante que ela quase ficou incapacitada pelo medo do fracasso. Passou inúmeras horas-extras trabalhando em um ambiente corporativo desordenado e monótono, que ela chamou de "desanimador e esmagador". Parou de se exercitar num esforço a fim de conseguir mais tempo no dia, começou a comer mal e gradualmente ganhou treze quilos. Ela não conseguia dormir profundamente e não tinha certeza de como atender a todas as novas demandas; além disso, a sua ansiedade contaminou as outras áreas de sua vida pessoal. Acreditou ser impossível não pensar em trabalhar em casa e durante as férias — o que foi frustrante para o marido também.

A primeira coisa que fizemos foi usar a ferramenta Escala da Vida Integral para medir o nível de sua realização em todas as áreas

Forças Autênticas

de sua vida. Ela foi capaz de ver rapidamente um desenho de como a maioria delas estava sendo afetada: como espaço físico, trabalho, saúde física e diversão com nota 2 em satisfação. Ela, então, passou um tempo arquitetando a sua visão de futuro ideal, o que a ajudou a identificar as Forças que convocaria para produzir maior equilíbrio e satisfação na vida nestas áreas. Quando foi clara sobre o que era realmente importante para ela, começou a cultivar uma vida integral, equilibrando melhor todas as áreas de sua vida e alcançando maior satisfação nelas. Ela agora inicia todos os dias no trabalho ouvindo música suave, deixa frutas e lanches saudáveis à vista em sua mesa, faz pelo menos uma pausa durante o dia para uma caminhada de quinze minutos, para afastar o estresse, e reposicionou sua mesa que agora não fica mais de costas para a janela do escritório, de forma a ver as árvores lá fora.

Ela recuperou sua energia e foi capaz de pensar com maior clareza sobre como poderia distinguir entre o que chamou de "*o barulho das demandas improdutivas de trabalho*" e "*as atividades que tornam real seu futuro ideal*". Ela disse *sim* para as atividades que contribuíram para significado, propósito e produtividade – coisas como planejar e construir relacionamentos. Entendeu que poderia dizer "*vamos marcar um horário*" ou "*não, até depois que eu termine este projeto*" para a atividades menos importantes que as pessoas lhe solicitavam. Aprendeu a permitir ser guiada pelo seu propósito e por sua visão. Ela se saiu tão bem em seu novo emprego que foi promovida novamente.

É mais fácil não se desviar, se você pode dizer *não* para as coisas nas quais não acredita, porque determinou aquilo para o que deseja dizer *sim*. Ao focar no que "queremos" em vez do que "não queremos", podemos gerar motivação e um enérgico e profundo *sim*.

> ## Dica de *Coaching*
>
> Observe qual das quatro áreas principais (mente, corpo, coração, espírito) você normalmente evita renovar. Essa é provavelmente a área que mais necessita de atenção. Para um ótimo desempenho, todas as áreas devem ser cuidadas.

Perguntas Fortes: Renovação

Renovando a Mente

Que Forças Mentais posso construir e desenvolver esta semana?

Que novo aprendizado explorarei?

Como desenvolverei uma mentalidade de *Coach* Interno nos próximos dias?

Renovando o Corpo

Que escolhas alimentares saudáveis e exercícios físicos me dariam maior energia e vitalidade?

Qual é a quantidade de sono de que meu corpo precisa?

Como criarei relaxamento e revitalização mais ativos na minha vida?

Renovando o Coração

Que Forças do Coração posso desenvolver esta semana?

O que farei nos próximos sete dias para desenvolver meus relacionamentos significativos?

Como reconhecerei e apreciarei as Forças dos outros?

Renovando o Espírito

Quais Forças das Virtudes Sabedoria e Transcendência posso desenvolver nos próximos sete dias?

O que me inspira, eleva e edifica?

Como posso atuar de forma melhor nos meus relacionamentos mais importantes e na minha comunidade?

DESENVOLVER
AS FORÇAS

"Quando os clientes aprendem a colocar suas Forças a favor de um desafio, elas os ajudam a acessar suas motivações intrínsecas e podem auxiliá-los a melhorar o desempenho e a encontrar mais satisfação na realização de tarefas."

Dra. Carol Kauffman

"Depois de explorar as Forças, é hora de passar para o estágio dois e desenvolvê-las por meio de uma motivação sustentável. Nós buscamos por *feedback* construtivo e imaginamos como o usaremos para criar nosso futuro ideal. Em seguida, teremos os componentes necessários para definir e alcançar Metas Fortes."

Fatima Doman

© 2014, *Authentic Strengths Advantage, LLC.* Todos os direitos reservados.

> *"**Autenticidade** é um conjunto de escolhas que temos que fazer todos os dias. É sobre a escolha de aparecer e de ser real. A escolha de deixar nosso verdadeiro eu ser visto."*
>
> Dra. Brené Brown

Capítulo 5
Motivação autêntica

"O bem-estar gerado pelo uso de nossas Forças de Caráter está ancorado na autenticidade. Mas assim como o bem-estar precisa ser ancorado em Forças e Virtudes, estas, por sua vez, devem estar ancoradas em algo maior. Assim como a vida boa é algo além da vida agradável, a vida significativa está além da vida boa."

Dr. Martin E.P. Seligman

Potencial

Nascemos com tudo o que precisamos para levar uma vida gratificante. As vinte e quatro Forças de Caráter podem ser encontradas em todos os seres humanos no globo. Alguns de nós nascemos em ambientes que prejudicam nosso acesso a essa sabedoria interior. No entanto, mesmo nas piores circunstâncias, as pessoas desafiam as probabilidades e ascendem acima de suas dificuldades. Por quê? Indivíduos de todas as culturas atestam um senso inato de direção ou consciência expressas em suas Forças, como uma bússola interna que os guia.

Rodney, à época um adolescente em situação de rua na cidade norte-americana de Cincinnati, foi baleado enquanto estava sendo roubado. Após várias cirurgias, ele começou a se recuperar fisicamente, mas havia afundado em uma forte depressão. Por meio da orientação de um assistente social, Rodney acabou em um *Workshop* do Instituto VIA de Forças de Caráter. Ele disse que, quando leu os resultados do relatório que recebeu após responder a um questionário *on-line*, percebeu o quanto de si mesmo estava desconectado e, ao mesmo tempo, que descobrir suas Forças abriu-lhe um mundo totalmente novo. Nunca ninguém havia notado essas Forças nele, e, com isso, passou a ver as possibilidades para si mesmo. Nas palavras de Rodney: *"Essas são coisas nas quais eu posso me apoiar para*

Forças Autênticas

avançar na minha vida. A melhor parte da minha vida está à frente, não atrás de mim".

Ele agora lidera um programa de extensão na comunidade em que vive no qual ensina *hip-hop* para incentivar as crianças a saírem das ruas e a se expressarem de maneira positiva. Segundo Rodney: *"Todo mundo tem um presente. TODO O MUNDO. E seus presentes podem ser a solução para seus problemas"*. Alguns de nós ainda não desembrulhamos os presentes que ganhamos ao nascer e outros nascemos em ambientes que não reconhecem nossos dons, mas os presentes existem mesmo assim. Cada ser humano, independentemente das circunstâncias, possui esse potencial.

Existem dezenas de exemplos históricos daqueles que acessaram suas Forças de Caráter, que tinham uma visão e um senso de missão que guiavam suas ações e que pareciam ter sido destinadas a liderar outras pessoas para um caminho inspirado, como Gandhi e Martin Luther King Jr. Eles cultivavam visões de resistência pacífica que os levaram a se tornar modelos para as massas que se reuniam para segui-los na defesa das causas dos direitos humanos.

Porém, de que maneira Bono, vocalista da banda U2, que ganhou vinte e dois prêmios Grammy desde 1976, tornou-se um líder mundial de peso a favor da Paz? Crescendo na Irlanda nas décadas de 1960 e 1970, filho de um carteiro católico e de uma mãe protestante, ele compreendia muito bem como as diferenças religiosas podiam levar à guerra quando as facções têm visões antagônicas para a humanidade. Ao alcançar o sucesso em sua carreira musical, ele não se esqueceu da família, dos amigos da infância e juventude nem da consciência social que o levou a escrever canções memoráveis.

Bono foi além da participação em eventos de caridade destinados a arrecadar dinheiro para ajuda internacional. Ele adotou uma abordagem prática. Em 1985, Bono e sua esposa, Ali, viajaram para a Etiópia a fim de colaborar em um projeto de educação e alívio da fome. Ele se concentrou particularmente em arrecadar dinheiro com o fito de auxiliar a quitação de dívidas dos países em desenvolvimento. Bono já havia falado na ONU e no Congresso dos Estados Unidos e se reunido com outros líderes mundiais como o Papa João Paulo II e com o então Presidente da França, Emmanuel Macron. Quantas estrelas do rock foram nomeadas para um Prêmio Nobel da Paz como ele foi em 2003?[1]

O que o leva a continuar incansavelmente batalhando para diminuir a pobreza e a necessidade de socorro financeiro? Ele demonstra que não importa se é católico ou protestante ou se segue qualquer outra orientação: é possível fazer a diferença no mundo. Milhares de fãs da classe trabalhadora foram inspirados por seu exemplo a envolver-se em causas beneficentes. A capacidade de Bono de influenciar outras pessoas é alimentada pela motivação autêntica de suas Forças.

Buscando dentro de si seu propósito

Quais são os seus valores mais profundos? O que motiva você? Qual é a sua visão? Qual é o seu legado único? Como você pode construí-lo a partir de suas Forças de Caráter? As respostas a essas perguntas exigem introspecção e coragem para moldar seu próprio futuro, dirigindo sua vida, em vez de deixá-la passivamente ser determinada para você. O resultado desse trabalho será um poderoso senso de significado e de propósito.

Certa vez, fui *coach* de uma escritora e profissional de *marketing* de sucesso. Embora ela tivesse alcançado muitas realizações, não conseguia evitar o medo — por causa de seu *status* de solteira e com uma carreira instável, que oscilava entre a festa e a fome – que terminasse na rua da amargura se não tivesse de quem depender financeiramente. Depois de trabalhar em seu propósito e visão, a profissional desenvolveu a coragem e clareza que a permitiram conseguir um emprego na África como diretora de uma organização sem fins lucrativos, o qual lhe proveu tanto a estabilidade financeira quanto a segurança a longo prazo que ela tanto ansiava. Essa estabilidade levou-a a acolher sua paixão por escrever e está produzindo um livro sobre suas experiências. Na última vez em que conversamos, ela se descreveu como pacífica, segura, criativa e confiante de que as coisas vão dar certo.

Forças Autênticas

Motivação autêntica

Eu testemunhei muitas descobertas durante processos de *coaching* quando a pessoa que está sendo treinada passa a entender o "porquê" por trás de suas ações. Tudo se resume ao motivo. Lembra quando expliquei a diferença entre Forças de Talento e de Caráter no Capítulo 2? Talento é o que você faz bem e Forças de Caráter são o que você *gosta* de fazer. Compreender seus motivos e reconhecer as fontes insustentáveis *versus* sustentáveis de motivação pode ser um divisor de águas. A opção pelo combustível que vem das Forças de Caráter fornecerá uma alavanca autêntica e sustentável que lhe dará condições para o alcance de resultados mais eficazes. É menos sobre o que você faz e mais sobre a razão pela qual faz o que faz. E, finalmente, é sobre descobrir o que você **gosta** de fazer.

Então, o que direciona você? Para ajudar meus clientes a entender melhor o que motiva suas ações, desenvolvi o Painel de Motivação (N.T.: *Motivation Grid©* no original.) fundamentado, em parte, no trabalho do Dr. Paul Gilbert e da minha amiga e colega, Liz Patterson[2]. O Painel de Motivação ajuda as pessoas a conectarem os pontos de sua motivação e ações correspondentes aos resultados que estão obtendo. À medida que desenvolvem a consciência do que motivou tanto o comportamento passado quanto o presente, elas podem optar intencionalmente por se concentrar na futura motivação mais produtiva que gerou os melhores resultados.

O objetivo é reconhecer quando estão sendo motivadas pelas Forças de Caráter (a espiral sustentável e ascendente) *versus* as falsificações (a insustentável espiral descendente). As três falsificações descritas no modelo são **alarme**, **superação** e **apatia**. O quadrante de alarme é caracterizado pelo medo e pelo estresse; o quadrante de superação é caracterizado pelo perfeccionismo e pela necessidade de provar seu valor; e o quadrante da apatia é caracterizado pela desesperança e pela evasão. Por outro lado, o quadrante de Forças de Caráter é a fonte de motivação sustentável que nos permite oferecer nossa autêntica contribuição à vida e ao trabalho. Sua motivação está lhe proporcionando os resultados que você deseja? Dê uma olhada no

110

Motivação autêntica

Painel de Motivação e considere aquilo que certamente lhe estimulará consistentemente ao longo do tempo, para atingir seu potencial.

PAINEL DE MOTIVAÇÃO

ALARME Motivado pelo Medo: Externo	FORÇAS Motivadas pela Autenticidade: Interno
Ameaçado por competição/pelos outros Culpa/Crítica Lutar/Fugir/Congelar/Agradar Pressão/Tensão/Estresse Ansiedade/Preocupação Não confiar em relacionamentos Espiral descendente/Insustentável Resultado = Estresse	Apreciar as suas próprias Forças de Caráter/dos outros/dos adversários Confiança/Melhor de mim Autonomia/Transparência/Vulnerabilidade Criatividade/*Flow*/Foco Significado/Propósito Forte e respeitável competidor Desenvolvendo a confiança nos relacionamentos Espiral ascendente/Sustentável Resultado = Contribuição
FOCO EXAGERADO EM RESULTADOS Motivada por comparação: Externo	**APATIA** Sem motivação
Diminuir os outros Comparação com outros/Insegurança Obsessão/Perfeccionismo Trabalha muito/Direcionado pelo ego Distração/Opressão Competição sem princípios Calculista nos relacionamentos Espiral descendente/Insustentável Resultado = Provando a si mesmo	Diminuído pelos outros Sem esperança/Desamparado Fadiga/Exaustão/Esgotamento mental Distante/Adormecido/Fuga Apatia/Não vê nem busca soluções Insegurança/Culpa/Paralisia por competição Sem energia para relacionamentos Espiral descendente/Insustentável Resultado = Negação

Os objetivos raramente são bem-sucedidos, a menos que nos façam felizes

Agora que controlamos nossa motivação, estamos mais preparados para estabelecer metas com base nas Forças de Caráter. Mas por que os objetivos são tão ilusórios para muitas pessoas? Milhões delas definem as resoluções de ano-novo a cada janeiro, mas especialistas dizem que isso não funciona: 80% das pessoas desistem em seis meses, a maioria dentro de três meses, e para alguns duram apenas alguns dias[3].

Forças Autênticas

Ou seja, salvo se as metas que estabelece lhe deixarem feliz, você desistirá. A maioria das resoluções falha porque não nos sentimos alegres ao tentar alcançá-las (exemplo, como perder peso, exercitar-se mais, trabalhar mais). Para a maioria de nós, o melhor atributo para a manutenção de uma meta no longo prazo é que ela seja capaz de nos fazer felizes, não aquela que advém de prazeres fugazes, como comprar algo novo, mas sim, a felicidade que vem do alcance de algo profundamente importante ou que impacte de forma positiva os outros.

Pesquisas mostram que a verdadeira felicidade está enraizada em uma vida de significado e propósito. Por exemplo, a sensação boa que temos quando expressamos nossas Forças de Caráter nos manterão energizados enquanto trabalhamos na busca por nossos objetivos. O alvo é fortalecido quando juntamos a uma meta algo maior do que nós mesmos.

Como aprendemos anteriormente, quando mudamos de *não* para *sim*, estamos mais focados e capacitados. Isso ocorre porque, quando nos concentramos no que *queremos* em vez do que *não queremos*, temos uma visão clara da ação que tomaremos. Um objetivo terá uma chance muito maior de sucesso se ele verdadeiramente fizer sentido para nós, se beneficiar aqueles com quem nos importamos e — o mais importante — se estivermos trabalhando **em direção** a algo positivo, em vez de nos basearmos em mera negação de nós mesmos, por procurar permanecermos *longe* disso. **Existe um princípio que diz que aquilo no que concentramos nossa atenção cresce. Assim, se estamos focados em "*não comer bolo de chocolate*", então esse doce se tornará nossa obsessão.**

Força de vontade *versus* vontade consciente

Nos meus muitos anos treinando pessoas para atingir seus objetivos, sempre me surpreendo um pouco ao saber que o desenvolvimento da força de vontade não é o principal ingrediente para a mudança sustentável. A **força de vontade** expressa-se pela capacidade de renunciar a algo que você realmente quer no momento – como aquele segundo pedaço de bolo de chocolate ou gastar dinheiro destinado a contas em uma nova distração. O que realmente importa, no processo de mudança, é desenvolver a **vontade consciente**, interna, voltada para o autocontrole. Posso desenvolver vontade consciente *me preparando* para o desejo avassalador que sei que experimentarei quando vir a cobertura brilhante do meu bolo de chocolate favorito piscando para mim. O plano pode estar na satisfação de, ao contrário, ter uma refeição ou lanche saudáveis, dos quais eu realmente gosto e, em seguida, dedicar um tempo, sentada, saboreando lentamente apenas um pedaço de bolo em vez de dois ou três.

Pesquisas mostram que, quando as pessoas exercem força de vontade para negar a si mesmas ou algo que amam, eventualmente elas estarão muito mais propensas a ter recaídas com outras coisas mais tarde[4.] Esse fato explica a razão pela qual a privação não funciona ao longo do tempo. A chave é encontrar um substituto que amamos, até mais do que o gosto do bolo de chocolate, para sedimentar o novo comportamento, como a recompensa de que estamos ficando saudáveis para aqueles que amamos, incluindo o amor-próprio que estamos desenvolvendo no processo. Dizer *sim* para outra coisa que queremos mais é muito mais poderoso do que dizer *não* a nós mesmos. Essa ligeira mudança de pensamento faz com que nossas ações deixem em nós uma sensação de cuidado, em lugar de sentimentos de privação e de negação.

"Seja" uma contribuição

De volta às resoluções do ano-novo — outro motivo pelo qual muitos falham é porque estão focados apenas em si próprios. Sem o vínculo com os outros, como mostrado no quadrante de Forças do Painel de Motivação, essas resoluções não têm motivação de longo prazo sustentável. Nós prosperamos quando aqueles ao nosso redor prosperam. Se me vejo como uma "contribuição" para os outros, ao contrário de apenas realizar um objetivo para mim, o que quer que eu faça é alimentado por algo maior do que eu. Ao aplicar minhas Forças no processo de metas, estou trazendo minha autêntica e melhor ver-

Forças Autênticas

são para o trabalho; e isso me energiza. Não estou mais distraído com alarme, superação ou apatia porque estou focado em contribuir com o melhor que posso ser e fazer por meio das minhas Forças de Caráter. Criar valor e satisfação para o destinatário da minha contribuição, por sua vez, cria valor e satisfação para mim também, inaugurando uma espiral positiva. Esta é a lei da reciprocidade: o que vai volta.

Você "sendo" uma contribuição:

1. Preenche-se com significado e propósito;
2. Energiza seu objetivo à medida que você usa suas Forças de Caráter;
3. Serve como antídoto para competição e comparação improdutivas; e
4. Cria valor e satisfação para o destinatário das suas ações e assim como para você mesmo.

Por exemplo, se seu objetivo é melhorar sua saúde, pergunte-se: *"Por que eu quero fazer isso?"*. O que é mais atraente: perder peso para parecer melhor ou tornar-se tão saudável que você tenha mais energia para participar das atividades divertidas com quem você ama? Aprender a amar, valorizar e cuidar de si mesmo é uma experiência de desenvolvimento poderosa e motivadora. Quando você começar a se valorizar de verdade, verá como poderá contribuir com o mundo à sua volta e isto se tornará motivação intrínseca para a manutenção de sua saúde.

O *reality show* de TV da rede paga The Biggest Loser (N.T.: *O maior perdedor*, em português.) é um ótimo exemplo disso. Observe as pessoas que são mais bem-sucedidas em atingir seu objetivo de perder peso no programa. Frequentemente, essas são as que primeiro aumentam sua própria autoestima e depois descobrem como ser uma contribuição para os outros por meio da construção de relacionamentos, expressando seus Eus autênticos e vivendo uma vida de significado e propósito. Por exemplo, elas pensam em como a perda de peso lhes permitirá que estejam presentes para ver seus filhos crescerem, inspirem seus entes queridos a também serem saudáveis,

Motivação autêntica

aproveitem mais as atividades com os amigos ou tenham energia para contribuir para os outros. Em vez de basear seu objetivo no que eles devem "desistir", como alimentos favoritos, se firmam no que "ganharão": como energia, longevidade, relacionamentos aprimorados e contribuições significativas para os outros.

Quando trabalhamos com o desejo de melhorar as condições dos outros e não apenas as nossas mesmas, obstáculos parecem desaparecer e tarefas desagradáveis tornam-se mais prazerosas. Aquelas vozes internas negativas, críticas, julgadoras, e as reclamações de nosso Crítico Interno desaparecem. Percebemos com mais clareza aquilo que queremos doar, e esse foco se torna uma experiência libertadora e alegre. Lembro-me da primeira vez em que apareci na televisão intitulada como uma "experiente *coach*". Enquanto eu dirigia para a estação de TV, minhas mãos úmidas agarravam o volante e eu podia sentir meu coração batendo forte, enquanto revisava mentalmente o que iria dizer. Eu respirei profundamente um par de vezes e disse em voz alta: "*Fatima, apenas 'seja uma contribuição' hoje. Pense só em como ajudar as pessoas hoje, e tudo se encaixará*".

Esse pequeno ajuste de motivação me transportou do medo do fracasso para simplesmente desejar dar informações úteis para as pessoas. Como qualquer um, estou sujeita às pressões diárias para acertar, mas quando estou imersa no uso de minhas Forças de Caráter, com o intuito de contribuir, a ansiedade do desempenho desaparece, e eu ganho a profunda satisfação que nasce de doar-me para os outros. O mundo torna-se um lugar muito menos complicado.

Seu plano de Forças

A intenção do *Coaching* de Forças é criar um plano de ação prático e positivo. "*Qual é o plano?*". Quantas vezes você ouviu essa pergunta do seu cônjuge, amigos ou colegas? Planos tranquilizam as pessoas. Para desenvolver um Plano de Forças utilize os seguintes princípios do *Coaching* de Forças:

1. **Diretor de sua vida:** ninguém está mais interessado em seu crescimento do que você. O(A) *coachee* deve sempre

Forças Autênticas

fazer o "trabalho pesado", oferecendo soluções e usando a primeira pessoa, "eu", para dar voz à sua própria agenda.

2. **Foco nas Forças de Caráter:** siga as etapas da página a seguir para *feedback/feedforward*. Veja todos os *feedbacks* por meio da lente positiva dessas Forças. Mude rapidamente de *feedback* para *feedforward* orientado à solução e à criação de um futuro melhor.

3. **Mudança positiva:** modele novos e melhores comportamentos consistentemente, ao longo do tempo, para criar confiança. Transforme velhos pensamentos/padrões/conceitos que não lhe servem mais em comportamentos alinhados às Forças de Caráter. A chave é ser paciente enquanto mantém a atenção no objetivo.

Feedback e Feedforward

Auxiliar as pessoas a aprender a serem "fortes" é mais inspirador e produtivo do que simplesmente apontar onde elas estão "erradas". Vamos ser realistas! A maioria das pessoas teme dar retorno, porque o *feedback* tradicional pode ser ameaçador, geralmente ecoando autoimagem negativa e profecias autorrealizáveis. Nós podemos, no entanto, aprender a redirecionar rapidamente o *feedback* por uma lente construtiva, identificando Forças para solução de problemas. Em seguida, devemos dedicar a maior parcela do nosso tempo e energia em motivar o *feedforward*, o qual identifica ideias e soluções para atingir metas, à medida em que visualizamos nosso futuro ideal.

Feedback focado nas Forças

O primeiro passo na seleção de nossas metas de maior potencial de sucesso é estruturar o *feedback* por meio da lente construtiva das Forças de Caráter, conforme descrito a seguir:

• Reconheça o *feedback* e agradeça àqueles que o deram a você. Equilibre o *feedback* reconhecendo as Forças primeiro, depois as oportunidades de crescimento.

- Ajuste o seu foco no objetivo. Procure por padrões no *feedback* e, se perceber a existência de um tema que você acredita ser pertinente, escolha um objetivo para abordá-lo.
- Mude rapidamente para *feedforward*.

Feedforward com foco nas Forças de Caráter

- Reflita sobre os momentos de sucesso no seu passado, em que você estava no seu melhor e explore os fatores que permitiram aquele êxito. Use o que funcionou melhor para você para criar práticas positivas no futuro.
- Pense em objetivos possíveis. Se você tivesse uma varinha mágica para melhorar sua situação, o que mudaria? Se pudesse expressar suas Forças consistentemente, como isso afetaria sua situação?
- Usando a técnica Visualização das Forças (*STRONG Visualization©* no original.) que você aprendeu no Capítulo 3, vividamente e com o máximo de detalhes possível, imagine-se usando suas Forças para criar uma visão do paraíso. Visualize de forma relevante marcos, como daqui a um mês, seis meses ou um ano.

Mudando para *Feedforward*

Embora o ideal fosse se concentrar exclusivamente no *feedforward*, a realidade é que receberemos muitos *feedbacks* ao longo de nossas vidas. No entanto, temos o poder de mudar rapidamente nosso foco para *feedforward*. Às vezes, o melhor que podemos fazer é ser nosso próprio advogado, quando outras pessoas ao nosso redor permanecem concentradas no *feedback*. No entanto, nosso foco nessa ferramenta pode inspirar outras pessoas a mudarem para essa ferramenta também. Aqui está um exemplo de marido e mulher que passaram por essa mudança:

Meu marido e eu estávamos no aeroporto procurando onde parar o carro, momentos antes de embarcarmos para nossas

Forças Autênticas

férias. Ele entrou numa área errada do estacionamento por acidente, o que potencialmente poderia resultar na perda do voo. Eu vocalizei minha preocupação, o que aumentou o estresse que nós dois estávamos sentindo naquele momento. Ele retrucou de volta para mim. Foi fácil ver que estávamos à beira de uma discussão, com potencial de arruinar uma bela viagem.

Quando finalmente estacionamos, embarcamos no ônibus e meu marido obviamente sentou-se afastado de mim. Ele definitivamente estava me dando *feedback* por meio de sua linguagem corporal. Meu padrão no passado teria sido discutir a situação em detalhes com frases de *feedback* como: 'Eu me senti frustrada quando você ...' ou 'Quando você fez isso, isso me fez sentir assim.'

Mas naquele dia, tive um *insight*: e se eu usasse o *feedforward*? E se focasse no que amo nele, em vez de passar a próxima hora 'processando' o que ambos fizemos de errado? Fiquei empolgada em experimentar. Agradeci por carregar minha bolsa no ônibus e por haver dirigido até o aeroporto. Fiquei surpresa quando ele me agradeceu de volta por planejar a viagem! Um foco positivo continuou a gerar outro, à medida que apreciamos as Forças um do outro, até que estávamos relaxados, sorridentes e usando *feedforward* para prever uma ótima viagem juntos!

Essa história demonstra o impacto que o *feedforward* pode ter num relacionamento. Também mostra como a escolha de uma pessoa para se concentrar no *feedforward* pode mudar a dinâmica de uma situação potencialmente difícil.

O *feedforward* também é uma ferramenta poderosa para ser usada no trabalho – principalmente por um líder. As estatísticas nos dizem que a principal razão pela qual as pessoas pedem demissão é o chefe: elas, portanto, abandonam o chefe, não o emprego.

Uma prática comum no local de trabalho é que os funcionários sejam submetidos a uma revisão de desempenho. Uma cliente minha de *coaching* observou a diferença entre dois gestores com os quais trabalhou e criou duas listas descrevendo essas diferenças. Observe as duas colunas a seguir, que detalham como o Gestor A focou mais no *feedforward* e o Gestor B permaneceu no *feedback* – e a diferença entre seus resultados.

Gestor A Processo de revisão de desempenho	Gestor B Processo de revisão de desempenho
Foco em *Feedforward*: 90% da reunião O que está se desenvolvendo bem e como continuar aumentando o nível de acerto por meio das Forças, e ainda como Forças subutilizadas podem auxiliar no sucesso futuro.	Foco em *Feedforward*: 10% da reunião O que está indo bem é mencionado brevemente e somente como um gancho para a discussão mais importante: o que está errado.
Foco em Feedback: 10% da reunião O *feedback* necessário muda rapidamente para oportunidade de *feedforward*, para construção de Forças subutilizadas. A colaboradora é incentivada a liderar a conversa.	Foco em *Feedback*: 90% da reunião A maior parte do tempo é usada para analisar o que deu errado e precisa ser consertado. A conversa é liderada pelo gestor.
Comunicação Colaborativa A **disposição** da colaboradora para discutir melhorias necessárias é diretamente correlacionada com o nível de confiança no gestor (alta confiança). Colaborador discute **com segurança** áreas nas quais melhorias são necessárias e participa de uma sessão de *brainstorming* colaborativo com o gestor sobre como transformá-las em futuras Forças.	**Comunicação Defensiva** A **indisposição** da colaboradora para discutir melhorias necessárias é diretamente correlacionada com o nível de confiança no gestor (baixa confiança). Sensação de **insegurança** leva a colaboradora ao uso de linguagem defensiva, incluindo excessivos pedidos de desculpas/razões para o fracasso, em vez de discutirmos como transformar os erros em futuras Forças.
Metas Fortes Metas são criadas com base no desenvolvimento de Forças subutilizadas e aumento do uso da Assinatura de Forças.	**Foco em *Feedback*: 90% da reunião** Metas são criadas para prover uma fonte regular de evidência de eliminação dos erros.

Forças Autênticas

Reuniões mensais: desenvolvimento de Forças	Reuniões mensais: evidência de conformidade
Reuniões mensais são agendadas para discussão de possíveis oportunidades para aumentar o uso das principais Forças (Assinatura) e para desenvolver as Forças subutilizadas.	Reuniões mensais são agendadas para prover evidência de metas de conformidade com ênfase na eliminação dos erros.
Mensagem enviada pelo Gestor A: *"O que eu posso fazer para ajudar você a ser bem-sucedido?"*	**Mensagem enviada pelo Gestor B:** *"Você não está produzindo."*
Mensagem recebida pelo colaborador: *"Eu sou valorizada. Eu valho a pena".*	**Mensagem recebida pela colaboradora:** *"Eu não estou segura. Eu não valho a pena".*
Gestor A = Advogado	**Gestor B = Supervisor de Conformidade**

Depois de criar essas duas listas, minha cliente de *coaching* refletiu sobre o que ela aprendeu com a experiência de trabalhar com cada um dos gestores:

> Enquanto eu estava no meu local de trabalho, desfrutei de alto nível de satisfação quando estava sob a gerência do Gestor A e, então, com a chegada do Gestor B, passei a experimentar um efeito bola de neve de infelicidade no trabalho. Tornou-se de fato intolerável o suficiente para que eu começasse a considerar procurar emprego em outro lugar (depois de investir quinze anos neste trabalho). Depois de aprender sobre o *feedback* e *feedforward*, reconheci que minha satisfação no trabalho estava **DIRETAMENTE** relacionada à forma pela qual eu estava sendo percebida e valorizada por esses dois gestores, em vez de vinculada a qualquer traço de insatisfação pessoal com a atividade em si. Essa percepção marcou uma mudança dramática para mim! Isso me levou a um significativo insight relacionado ao meu próprio foco de controle.
>
> Embora ainda estivesse trabalhando sob a orientação do Gestor B, que não tinha o hábito regular de se concentrar

Motivação autêntica

nas minhas Forças, **eu mesma poderia prover esse foco positivo para mim**. Poderia praticar *feedforward*, pessoalmente **e** nas minhas interações com o Gestor B. Esse insight me ajudou a mudar meu foco e a começar a reconhecer as muitas coisas que amava no meu trabalho. Assim, embora longe de ser perfeito, meu relacionamento com o Gestor B está melhorando gradualmente. Mais importante, meu foco pessoal no *feedforward* me ajuda a reconhecer as Forças em mim, aumentando assim meus sentimentos de importância e de merecimento dentro de mim.

Ferramenta das Metas Fortes
(N.T. STRONG Goals© no original.)

Após reenquadrar o *feedback* de forma positiva e usar a técnica do *feedforward*, você está pronto para definir uma ou duas metas de alta probabilidade de sucesso. Desenvolvi uma ferramenta para o processo de realização de objetivos baseados em Forças que uso com meus clientes de *coaching*. É o acrônimo *STRONG* e cada letra representa um atributo crítico para o alcance de qualquer objetivo.

Aqui está uma descrição de cada uma das seis fases da ferramenta **Metas Fortes**:

1. **Forças:** fortaleça seu objetivo identificando quais de suas Forças o ajudarão a atingir a meta. Baseie-se no que já funcionou bem, partindo dos sucessos passados, quando você estava no seu melhor, identificando as Forças que lhe permitiram conquistas e intencionalmente recriando o sucesso

daqui para a frente. Conforme aplica suas Forças para o atingimento de um objetivo, você está trazendo seu melhor e mais autêntico eu para a tarefa – isso energizará o objetivo e a si mesmo!

2. **Tempo:** verifique se seu objetivo tem prazos ou marcos claramente definidos que permitam verificar o progresso pelo caminho. Construa confiança por meio de pequenos e consistentes ganhos. Planeje celebrações realistas para cada marco.

3. **Relevância:** dê ao objetivo relevância a longo prazo, infundindo nele significado e propósito. Considere a contribuição que você quer fazer para si próprio e para os outros. Metas ligadas a outras pessoas, especialmente aos nossos relacionamentos importantes, produzem motivação e entusiasmo a longo prazo – nós prosperamos quando aqueles ao nosso redor prosperam. Se nos vemos como uma "contribuição" para os outros, e não apenas como um perseguidor de metas pessoais, então nossos esforços são relevantes a longo prazo, alimentados por algo maior que o eu. Comece com uma imagem clara em sua mente, usando seus sentidos, visualizando detalhadamente como suas Forças serão usadas para atingir seu objetivo e o impacto que isso terá sobre você e os outros. Anote todos os detalhes dessa visão, ou tenha imagens (recortadas ou salvas) que a representem e tornem a descrição o mais viva possível.

4. **Opções:** pese todas as suas opções. Explore potenciais recompensas e custos de cada uma das suas opções de metas, para que você possa escolher a de maior importância para se concentrar. Evite a sobrecarga escolhendo um objetivo realista de cada vez para se dedicar.

5. *Networking*: identifique uma rede de suporte. Você mapeou todos os recursos disponíveis (pessoas, educação, finanças etc.)? Avalie a capacidade dos integrantes da família, amigos, colegas e outros contatos para ajudar você.

6. **Desenvolvimento**: cresça com uma meta que o desafie e inspire. Reflita sobre o progresso, perceba *insights* e faça ajustes quando necessário. Reflita sobre o progresso se perguntando: *"Como cheguei mais perto do meu objetivo e como posso remover obstáculos?"*. À medida que obtiver *insights* que o ajudarão a atingir sua meta, promova correção de rumos se preciso for. Essa correção leva em consideração mudanças imprevistas nas suas circunstâncias que podem exigir uma nova abordagem ou uma mudança de objetivo. Seja honesto consigo mesmo e aberto ao crescimento.

Foco nas Forças

Como aprendemos anteriormente, embora a natureza humana pareça direcionada a focar em nossas falhas, a vida é mais gratificante e é mais provável que tenhamos um melhor desempenho quando nos concentrarmos em nossas Forças. Quando enxergamos as nossas Forças como um presente e passamos a nos valer delas em momentos de necessidade, a dinâmica muda. Usar nossas Forças é motivador, porque as pessoas *gostam* de usar os presentes que ganham. Aqueles que usam suas Forças tem seis vezes mais chances de serem engajados e três vezes mais propensos a relatar a experiência de terem uma excelente qualidade de vida[5].

Às vezes, as pessoas hesitam em expressar suas Forças em voz alta. Está na hora de criar ambientes nos quais as pessoas sejam incentivadas a reconhecer suas Forças. Podemos aprender a compartilhar nossas Forças no espírito de contribuição, o qual, ao tirar o "ego" da equação, torna-se nosso único caminho para contribuir na melhoria do todo. As seguintes palavras de Marianne Williamson, lidas por Nelson Mandela em seu discurso de posse, constituem um plano de ação plano de ação para cada um de nós desenvolver nossas Forças em prol de todo o coletivo:

> Você ser medíocre não serve ao mundo. Não há nada de bom em se encolher para que outras pessoas não se sintam inseguras ao seu redor. Todos nós devemos brilhar... Não apenas alguns de nós; todo mundo. Ao deixarmos nossa

própria luz brilhar, inconscientemente damos permissão aos outros para fazer o mesmo[6].

Uma vez que você se conecte à sua motivação autêntica de Forças, estará alimentado para viver seus valores e abraçar sua visão e propósito[7]. Ao contribuir com o seu melhor, você se sentirá mais conectado e operará mais efetivamente no mundo ao seu redor. Dr. Edgar Mitchell, astronauta da Apollo 14 e o sexto homem a andar na Lua, foi conhecido por ter descrito a experiência de realizar sua missão e sentir-se em harmonia com o Universo desta maneira:

> A maior alegria estava no caminho de volta para casa. Na janela da minha cabine, vi a Terra, a Lua, o Sol e o céu numa panorâmica de 360°. Foi uma experiência poderosa e avassaladora... E havia um senso avassalador de unidade e conexão[8].

Mas você não precisa ir tão longe assim para entender e cumprir o seu propósito. Você pode experimentar a sensação de união com tudo que o cerca, mesmo com a força da gravidade beliscando seus calcanhares!

Dica de *Coaching*

Com nossas inúmeras obrigações diárias, encontrar tempo para contemplar perguntas significativas pode ser difícil. Essas questões são fundamentais para o estabelecimento de metas baseadas em Forças. Dê a si mesmo o presente do tempo para respondê-las completamente. Incentive todos os seus coachees a fazerem o mesmo.

Perguntas Fortes: Motivação

Perguntas Fortes:

- Quais são as Forças que mais admiro nos outros?
- Quais das minhas Forças aumentam a apreciação de mim mesmo/dos outros?
- Quais das minhas Forças desenvolvem transparência/vulnerabilidade/prestação de contas?
- Quais das minhas Forças aumentam o significado / propósito?
- Quais das minhas Forças alimentam minha confiança/ meu melhor eu?
- Quais das minhas Forças aumentam a criatividade/*flow*/foco?
- Como vou descobrir novas maneiras de dar minha contribuição?
- Que *feedback* construtivo me inspira a mudar?
- Quais das minhas Forças os outros confirmam?
- Quais Forças não estou identificando em mim mesmo?
- Quais são meus três principais objetivos? Que Forças se alinham e fortalecem esses objetivos?
- Se eu tivesse uma "varinha mágica", o que mudaria?

"Onde há Plenitude haverá vacuidade.
Quando algo se
dissolve, algo nasce.
Assim, o sábio,
Encerrando em si
a alma do Uno,
Se torna modelo
do Universo.
Não dá importância
a si mesmo,
E será considerado
importante.
Não se interessa
por si mesmo,
E será venerado por todos."

Lao-Tsé
(tradução de Huberto Rodhen)

Capítulo 6
Comparanoia

"A comparação é a morte da alegria."

Mark Twain

"A insegurança vem da comparação da nossa superação com os sucessos de todo o resto do mundo."

Anônimo

O maratonista brasileiro Vanderlei de Lima esteve por noventa segundos na liderança, nos Jogos Olímpicos de Atenas em 2004, quando um homem apareceu do nada e o derrubou. Ele perdeu trinta preciosos segundos e não conseguiu mais recuperar por completo o foco. Abalado — depois revelou ter pensado que aquele infeliz ou inconsequente iria matá-lo —, ele foi ultrapassado por dois outros corredores e acabou ganhando apenas a medalha de bronze em vez do ouro olímpico. No entanto, comemorou ao entrar no estádio, soprando beijos para os fãs.

"Para mim, não era importante que fosse ouro, prata ou bronze", Lima disse em seu retorno ao Brasil, onde ele foi um trabalhador rural desde os 8 anos de idade e, muitas vezes, não tinha o suficiente para comer. *"O mais importante era chegar ao pódio"*, afirmou o atleta.

Aquele momento de êxtase e felicidade foi maior do que a frustração de perder o ouro por causa da ação de um homem perturbado. Mais tarde, ele contou que superar o lamentável ataque e ter de lutar pelo bronze o fez apreciar ainda mais o resultado. Se tivesse focado na perda de algo que não podia controlar, ele também teria perdido a magia da experiência do pódio.

A aceitação de seu destino, quando estava tão perto de se tornar a primeira pessoa a ganhar uma medalha de ouro para o Brasil

Forças Autênticas

na maratona masculina, foi tão inspirador que ele recebeu a medalha Pierre de Coubertin no encerramento: uma honraria esportivo-humanitária concedida pelo Comitê Olímpico Internacional a pessoas e atletas envolvidos com o esporte que demonstrem alto grau de esportividade e espírito olímpico durante a disputa dos Jogos.

Vanderlei de Lima não olhou para o que havia perdido para outros dois corredores, mas para o que ganhou por si mesmo. Ele não caiu na armadilha de reclamar ou de ser cínico. O maratonista certamente estava competindo, mas ele não foi sugado para o território doentio da competição como mera prova de seu senso de valor em comparação com os outros. Na verdade, seus colegas atletas ficaram tão impressionados com a maneira como ele se comportou que o também brasileiro Emanuel Rego, ganhador da medalha de ouro no vôlei de praia naquela Olimpíada, a entregou a Lima, que prontamente a devolveu: *"Não posso aceitar a medalha de Emanuel. Estou feliz com a minha; é bronze, mas significa ouro"*, disse Vanderlei.

Comparar nosso próprio progresso ou sucesso com o de outras pessoas foi apelidado, nos Estados Unidos, de *"keeping up with de Joneses"* (N.T.: A expressão em inglês não tem equivalente em português. O significado é, em suma, o conceito da inveja – querer sempre possuir os mesmos objetos caros e fazer as mesmas coisas que seus amigos ou vizinhos, porque você está preocupado em parecer menos importante socialmente do que eles.): uma história em quadrinhos americana, do início do século XX, na qual uma família vizinha, que nunca era vista, foi retratada como tendo uma casa maior, o gramado mais verde, móveis melhores, mais sucesso no trabalho, filhos mais agradáveis, invejável relacionamento como casal – tudo que qualquer família gostaria de ter. Toda cultura tem sua própria versão de inveja social, o "monstro de olhos verdes" que mantém as pessoas lutando por coisas desnecessárias, apenas porque essas coisas são percebidas como símbolos de *status*.

Não há nada de errado com a competição saudável nos esportes ou no mercado de trabalho, ainda, com comparações também saudáveis que fazemos para efeito de aprendizagem. O prejudicial é quando a concorrência e a comparação se transformam em julgamento, que diminui a si mesmo e aos outros. A busca por objetivos materiais — e não pessoais — pode levar à alienação da força de trabalho, à medida que os colaboradores olham por cima dos ombros para se compararem com os outros, numa competição para ver quem vencerá e quem perderá.

Depois que o fotógrafo profissional Kevin Garrett perdeu vários contratos com gravadoras em Nashville para o fotógrafo de celebridades Andrew Eccles, ele descobriu que seu concorrente ministraria um curso nos **workshops** de Fotografia de Santa Fé, na Califórnia. Ele se inscreveu, pagando muitos mil dólares e recusando um grande trabalho que surgiu no dia anterior ao início das aulas. A oportunidade de ser treinado em seu ofício falou mais alto.

"Depois de duas horas de workshop, vi claramente por que não estava fechando os contratos, e ele sim", lembrou Garrett. *"Andrew foi tão generoso, mostrando suas fotos e configurações de iluminação favoritas! Ele não escondeu nada. Aquela semana mudou minha vida."*

Garrett levou a sério o que o famoso fotógrafo ensinou. *"Quando eu estiver sendo pago no nível que sou pago, devo ser capaz de, sob demanda, produzir uma imagem memorável"*, disse Garrett. *"O executivo de contas, o diretor de arte e o cliente assistirão às imagens brutas aparecerem na tela. Você não pode deixar a pressão chegar até você. Andrew me treinou sobre a importância de tornar toda a experiência divertida, levando em consideração os* mínimos *detalhes, desde a música que toca até os simples trabalhos manuais. Tudo é importante."*

No ano seguinte, a renda de Garrett triplicou, justamente porque ele se abriu para o *coaching* de um concorrente. *"Um pouco depois de ter passado aquela semana com Andrew, eu estava fotografando uma capa de revista em um estúdio"*, contou Garrett. *"O gerente do estúdio entrou e disse: 'Eu trabalho aqui há anos e nunca vi uma iluminação tão bonita'".* Garrett agradeceu silenciosamente ao seu ex-concorrente, a quem ele havia transformado em seu *coach*.

Comparanoia

Quando a comparação passa de discernimentos percepti-vos para julgamentos discriminatórios que criam *rankings*, tor-na-se uma busca baseada em medo, que separa as pessoas em categorias, ao invés de uni-las como uma equipe. Quando, em vez de procurar fatores unificadores, como o que podemos aprender so-bre o que já fazemos com outra pessoa, procuramos o que nos torna melhores ou piores que alguém, contribuímos para a ilusão de que somos mais diferentes do que iguais. Com esse tipo de pensamento, reafirmamos a falácia de que o valor humano pode ser destilado em comparações. Ao fim e ao cabo, *comparanoia*, uma palavra moderna e inventada que significa **comparação excessiva**, é muito parecida com o racismo em suas consequências. Alguém deve ser melhor por-que tem mais ou é algo a mais; e alguém deve ser pior, porque tem menos ou o que ele faz ou é parece "menor que".

As mulheres, especialmente, estão familiarizadas com a compa-ração com as outras desde tenra idade. A mensagem da nossa cultura para as meninas tem tudo a ver com aparência e imagem corporal e sobre como nos medirmos com a régua dos outros: *"Não sou tão ma-gra quanto as outras garotas"* ou *"Não estou em um relacionamento sério como todas as mulheres felizes deveriam estar"*. Os meninos en-frentam um desafio semelhante no campo dos esportes e do sucesso nos negócios.

Homens e mulheres comparam seus ganhos não apenas em relação aos outros, mas, muitas vezes, dentro de seu próprio rela-cionamento: *"Não sou tão bem-sucedida quanto minhas amigas que trabalham, porque eu escolhi ficar em casa e criar meus filhos"* ou *"Eu sou um perdedor, porque minha esposa ganha mais dinheiro do que eu"*.

Muitos de nós nos inspiramos nas páginas de revistas e ima-gens de anúncios de televisão. Quando compramos o que a mídia está vendendo, em vez do que têm consonância com nossos próprios valores, vivemos pelos padrões da cultura *pop* imperfeita e nos en-xergamos por meio de uma lente distorcida. Em outras palavras, nós perdemos a liberdade de nos expressar. Silenciamos nossas próprias vozes e até nossos próprios pensamentos, em um esforço para correr a corrida do outro. Esse não é o caminho para a grandeza.

No extremo, a *comparanoia* pode levar à ruína econômica generalizada. Cada vez mais o cartão de crédito é usado para além dos recursos disponíveis[1]. De acordo com o Banco Central dos EUA, mais de 40% das famílias gastam mais do que ganham[2]. Muitas instituições financeiras e outras indústrias tradicionalmente confiáveis quebraram em parte em decorrência da ganância competitiva.

É mais importante do que nunca treinar pessoas para serem cocriadoras de prosperidade e abundância em vez de para olhar por cima dos ombros a fim de ver quem pode superar quem. Focar e apreciar as Forças é o oposto da *comparanoia*, porque é concentrar-se no que nós e os outros fazemos bem. É celebrar combinações únicas de Forças de Caráter e as contribuições para o todo que resultam dessas Forças. Por meio da diversidade apreciativa e cooperativa, cada um de nós é mais produtivo no geral.

Coaching de Forças: esforço conjunto

O significado original do verbo "competir" é "*competere*" que significa "lutar juntos". Hoje, no entanto, muitos de nós pensam em concorrência em termos de rivalidade e contenda. Em 2004, Kevin Garrett, o fotógrafo mencionado anteriormente, sofreu um leve traumatismo cerebral quando seu carro foi atingido por trás a caminho de uma sessão de fotos. David Johnson, outro fotógrafo que Garrett conhecera no mesmo *workshop* de Santa Fé, quando soube do acidente de carro e que o colega estava tendo dificuldades, limpou sua agenda e voou de seu estúdio em Nova York para ajudá-lo a aprender a usar alguns equipamentos novos.

Depois de revisar o portfólio de Garrett, ele o repreendeu gentilmente por usar a qualidade e a popularidade de seus trabalhos anteriores como referência. "*Eu sei que você está com dor*", disse ele. "*Mas você abaixou seu nível de criatividade. As melhores fotografias da sua vida precisam vir do que você fotografa hoje e das imagens que você fotografará amanhã.*" Garrett agradeceu a Johnson por sua honestidade e por se importar o suficiente para falar.

Um bom *coach* de Forças está disposto a dar um *feedback* construtivo, que nem sempre é o que a outra pessoa quer ouvir. Não é fácil apontar quando Forças foram atrofiadas e precisam de atenção. Convocar suas Forças de Caráter quando cercado por pessoas que privilegiam a esperteza à integridade, dispostas a ganhar a todo custo, pode exigir coragem. Esse tipo de relacionamento de *coaching* só é possível quando um alto nível de confiança está presente. A área da fotografia profissional é conhecida por ser cruel e, ao longo dos anos, Johnson e Garrett passaram, às vezes, a competir diretamente por contratos. Eles surpreenderam alguns de seus clientes, ao recomendar o outro para trabalhos, emprestando equipamentos e compartilhando integrantes das respectivas equipes, num meio no   qual as pessoas escondem zelosamente todos os aspectos de seus negócios.

Um dos exemplos icônicos de camaradagem foi o de Fernando Diaz e Antonio Cánovas na maratona de Madri. Os dois amigos e companheiros de corrida competiram pela liderança ao longo da corrida, mas, quando se aproximaram da linha de chegada, Cánovas foi atormentado por câimbras. Diaz passou o braço em volta de Cánovas e ajudou seu vacilante rival a ultrapassar primeiro a linha de chegada. Os juízes decidiram que Cánovas era o vencedor. Os dois corredores dividiram o prêmio em dinheiro e avançaram para a Maratona de Boston. A generosidade do gesto entre concorrentes superou, em muito, qualquer prêmio.

Se pudéssemos perceber aqueles que nos rodeiam como cocriadores de nosso desenvolvimento, gravitando em direção a eles e aprendendo que a qualidade de outra estrela não escurece nosso próprio brilho, seríamos capazes de aprender que todos poderíamos brilhar fortemente. Grandes *coaches* são basicamente exímios realizadores que se veem como recursos, e não como concorrentes.

Aponte um espelho para as Forças

Aprender a apreciar as Forças de Caráter não diminui a si próprio ou aos outros, mas desenvolve pessoas, equipes e organizações. Quando nós nos esforçamos para desenvolver o que é nobre e melhor em nós, os outros irão testemunhar isso e quererão fazer o mesmo. Por isso, Seligman e Peterson descreveram o impacto das Forças de Caráter da seguinte maneira:

> Em muitos, senão na maioria, dos casos os espectadores são elevados por sua observação da ação virtuosa. A admiração é criada para além do ciúme, porque as Forças de Caráter são os tipos de características às quais a maioria pode — e deve —aspirar. Quanto mais pessoas ao nosso redor forem gentis, ou curiosas, ou cheias de esperança, maior será a nossa probabilidade de agir dessa maneira. Dito de outra forma, o uso das Forças equivale ao resultado de jogos de soma diferente de zero (Wright, 1999). Todos são vencedores quando alguém age de acordo com suas Forças e Virtudes[3].

A tarefa do *coach* é ouvir e responder à voz única de um cliente. Sem nossas próprias vozes, nos arriscamos num tipo autoritário de existência, com padrões inaceitáveis impostos a nós mesmos, porque não expressamos nossa verdade. O antigo modelo de *coaching* era ser juiz, ampliando as fraquezas sob um microscópio, para que os defeitos pudessem ser resolvidos e o desempenho geral melhorasse. O novo modelo de *coaching* é o de apontar um espelho para as Forças, identificar o melhor que já existe e aproveitá-lo. **O trabalho de um *coach* de Forças é garantir que as pessoas se concentrem em sua própria visão e potencial, e não nas de outra pessoa.**

Eu fui *coach* de uma mulher que havia decidido deixar o mundo corporativo para ficar em casa com seus filhos. Ela os amava, mas se preocupava que seus amigos estivessem avançando na frente dela em suas carreiras. Quando as crianças estavam no jardim de infância, ela decidiu reavaliar. Não queria perder a infância

Forças Autênticas

dos filhos com muitas horas longe deles, mas também acreditava que era dotada de habilidades e da busca pela expressão criativa. Em lugar de permanecermos na posição de compará-la aos seus amigos, ou de limitá-la pelo modelo de pensamento, nós exploramos as suas Forças de Caráter – aquelas que lhe fornecem mais energia e inspiração quando as utiliza. Esse salto abriu um domínio inteiramente novo de exploração para ela, que passou a esclarecer sua visão de futuro ideal, alimentada por sua Assinatura de Forças. Eu podia vê-la ganhar vida à medida que ela pensava sobre as emocionantes possibilidades que não tinha considerado antes, o tempo todo pesando as recompensas e os custos de cada opção.

Minha cliente, visualizando seu futuro ideal e usando as Perguntas Fortes para detectar o melhor cenário possível, criou um negócio sob medida, que lhe permitia ter o estilo de vida familiar que ela queria e, de quebra, utilizava sua energia criativa. Percebeu que podia ter um ritmo lento e constante, que é algo que muitos de seus amigos não têm o luxo de fazer em seus ambientes corporativos. Em vez de apenas operar com base na lista de prós e contras à moda antiga, ela explorou as suas Forças e projetou de forma criativa o que almejava: uma bem-sucedida consultoria de *marketing* na qual ela se dedica enquanto as crianças estavam na escola.

Ben Zander (o maestro da orquestra no Capítulo 1) incentiva seus músicos a "liderar de todas as cadeiras". Muitas vezes, um músico ou colaborador sente-se em segundo lugar quando está diante das excelentes qualidades de outra pessoa. Um *coach* de Forças esperto, como um maestro sintonizado, transmitirá a mensagem que não existe *o segundo violino* quando se trata das Forças. Uma orquestra, uma equipe e uma empresa são compostas de elementos que devem ter o mesmo peso e trabalhar juntos para que o todo atinja o resultado máximo. Um *coach* de Forças não ofusca nem compara, mas identifica as Forças de Caráter únicas que elevam talentos e direcionam uma pessoa a novos patamares.

Comparanoia

Dica de *Coaching*

Exercite a curiosidade. Nunca subestime o poder das perguntas. As respostas estão aí. Lembre-se: a melhor maneira de aprender algo é compartilhá-lo com outra pessoa.

Perguntas Fortes: Relacionamentos

- Como posso usar melhor minha Assinatura de Forças para criar relacionamentos positivos?
- Quais Forças posso construir/desenvolver ainda mais para incentivar a cooperação em meus relacionamentos?
- De que forma irei me beneficiar ao abandonar sentimentos competitivos improdutivos em relação aos outros?
- Quais estratégias usarei para não me comparar aos outros?
- Como posso encontrar uma solução que beneficie a todos?
- Por acaso, existem Forças que eu estou usando de maneira que involuntariamente cause problemas ou colisões de Forças? Como?
- De que modo posso equilibrar melhor a satisfação de minhas necessidades e o respeito às necessidades dos outros?

"As consequências emocionais não decorrem diretamente da adversidade, mas das **crenças** que as pessoas têm sobre a adversidade."

Dr. Martin P. Seligman

Capítulo 7
Ressignificar o erro

"Ninguém pode voltar atrás e começar tudo do zero, meu amigo; mas todos podem começar, a partir deste ponto, a construir um final novinho em folha."

Dan Zadra

Eu não pretendia ficar muito mais tempo na casa da minha mãe após a morte prematura do meu irmão. Sentia uma tristeza e uma vulnerabilidade emocional profundas, especialmente porque fazia apenas dois anos desde que meu pai falecera. As crises de minha mãe com as doenças debilitantes, às vezes, causavam uma reversão de nossos papéis quando eu era criança. Para não a sobrecarregar com minhas preocupações da infância e desafios da adolescência, guardei para mim mesma as inseguranças juvenis e segui em frente.

Mas, depois da catarse do funeral, decidi procurar por tudo o que poderia apreciar e acolher sobre a minha infância. Amava meus pais profundamente, estava certa de que eles fizeram o melhor que podiam e que ainda havia tantas coisas para admirar sobre eles. Eu também sabia que chegara a hora de deixar minhas expectativas de lado e comemorar todas as oportunidades de crescimento que minha infância me proporcionou. Passei por uma experiência de cura milagrosa, quando decidi me concentrar apenas naquilo que é positivo!

Abri os olhos e vi minha mãe como uma mulher ágil, inteligente e enérgica que ama animais, leitura, plantas, culinária e que reza o terço todas as noites. Observei uma pessoa que gravita em direção a qualquer coisa que represente vida, criatividade e natureza. Lembrei-me da vez em que um esquilo selvagem comeu pacificamente na mão dela. Tinha uma bondade e força genuínas. Ela era uma mulher interessante e diferente daquela gravada na minha consciência, a mãe do filme da minha memória.

Meus arrependimentos desapareceram, e eu aproveitei nosso tempo juntas sem julgamento. A diferença sobre como me sentia quanto à minha infância era simplesmente uma questão de perspectiva. A mudança dependeu somente do meu ponto de vista.

Às vezes, quando olhava para o túnel escuro da minha infância, sentia como se um trem estivesse vindo em minha direção e que a única segurança estava em me grudar à parede. Dessa vez, a luz não era de uma locomotiva vindo sobre mim; era o sol brilhando no outro extremo do túnel. Tudo o que eu tinha que fazer era seguir a luz e sair do passado para um lugar diferente. Foi aí que encontrei minha maravilhosa mãe.

A maioria dos pais faz o melhor que pode com o que recebe. A armadilha na qual eu caí é comum. Para permanecer preso aos arrependimentos é sedutor culpar as pessoas, as circunstâncias e os eventos. A maioria de nós poderia se beneficiar olhando para os momentos de dificuldades do passado e se perguntar qual a melhor maneira de ressignificar essas experiências por meio de uma abordagem mais precisa, apreciativa e positiva. **Lembre-se de que, às vezes, presentes vêm em embalagens incomuns.**

O Poder da Percepção

> *"Eu perdi mais de 9.000 arremessos na minha carreira. Eu perdi quase 300 jogos. Vinte e seis vezes confiaram em mim para ganhar o jogo, sofrendo faltas, ganhando arremessos e errei. Eu falhei várias vezes na minha vida. E é por isso que tenho sucesso."*
>
> Michael Jordan[1]

Indiscutivelmente, Michael Jordan é o maior jogador de basquete de todos os tempos. E, no entanto, ele demonstrou para o mundo que os contratempos fazem parte do sucesso. E se parássemos de considerar nossos contratempos como ajustes para falha? E se pudéssemos ver que a deficiência costuma fazer parte da proficiência geral?

Alguns dos maiores pensadores e líderes do mundo disseram que nunca conquistariam nada ou foram rotulados por causa de suas deficiências. *Sir* Richard Branson, fundador de mais de 100 empresas no império *Virgin* e um dos destacados filantropos do mundo, tem dislexia e mostrou um desempenho ruim na escola, a qual abandonou aos 16 anos.

Thomas Edison — que ainda detém mais patentes do que qualquer um — teve desempenho fraco na escola tradicional e foi supostamente educado em casa por sua mãe; ela foi informada de que seu filho sofria de retardo. Thomas Edison usou suas habilidades de resolução de problemas para criar soluções inovadoras, invenções e serviços. Palavras dele:

> Muitas das falhas da vida vêm de pessoas que não perceberam o quão perto estavam do sucesso quando desistiram. Eu não falhei. Só encontrei 10.000 maneiras que não funcionam[2].

Vítima ou Vencedor?

"Enquanto a vitimização cria dependência e desconfiança, o protagonismo cria interdependência e confiança", escreveu Stephen M.R. Covey, no livro *A Velocidade da Confiança*[3]. Quando um líder, um componente da equipe ou da família toma para si a responsabilidade, incentiva os outros a fazerem o mesmo.

Mas, às vezes, as pessoas ficam presas no papel de vítima e não conseguem ir adiante. É preciso imaginação para criar algo diferente e melhor do que as histórias limitadoras que temos contado a nós mesmos a vida toda, sejam ecos da voz de outras pessoas ou do nosso próprio Crítico Interno. Talvez você já tenha ouvido o acrônimo *FEAR* (N.T.: Medo, em inglês.), que significa *Falsa Evidência com Aparência de Realidade*. Muitas vezes, as histórias que internalizamos não se baseiam em nossa realidade, mas nas realidades distorcidas de outras pessoas. Quando escolhemos uma história nova e mais

Forças Autênticas

precisa para dizer a nós mesmos — recuando e nos permitindo fazer novas e poderosas perguntas e, ao mesmo tempo, sentindo gratidão por entrar no processo —, desativamos a mentalidade de vítima. Amplificar uma voz positiva dá poder e energia ao nosso Eu autêntico, guiando-nos para o cerne de todos os assuntos.

Quebrando a corrente

Antes de tudo, sofrer em alguns momentos de nossas vidas não é necessariamente uma coisa negativa. *"O sofrimento é um ótimo equalizador. Você tem a opção de deixar que ele o torne uma pessoa melhor ou uma pessoa amarga"*, reflete meu colega Sam Bracken. *"Essa única opção faz toda a diferença na maneira como você aborda a vida."*

Quem pensaria que — quando a mãe de Bracken disse a ele aos 15 anos: *"Não te quero mais; você me atrapalha a curtir e festejar, você tem que sair"* —, o abandono acabaria sendo sua chance de se tornar um vencedor? Sam foi acolhido por uma família da igreja que frequentava, o que lhe permitiu ter um vislumbre de como era um lar normal. Ele ressignificou o sofrimento da infância para inspirar outras pessoas que sofreram dificuldades. Como palestrante motivacional e autor do livro *My Orange Duffel Bag: A Journey to Radical Change* (N.T.: Ainda sem tradução no Brasil.), ele está em uma missão para ajudar jovens em situação de rua, que vivem na miséria ou que envelhecem à margem da assistência social a perceberem que eles podem mudar, não importando suas circunstâncias. Como costumo dizer aos meus *coachees*: você pode reconhecer sua história, mas use as suas Forças de Caráter para começar a construir outra história, nova e melhor. Você não precisa seguir o *script* que outros escreveram para você.

Iluminar o caminho de um passado obscurecido pelo fracasso faz parte do que define um ótimo *coach* ou líder em qualquer cenário. Sua vontade para inspirar outras pessoas a criarem um novo começo, quebrando os padrões negativos do passado, gera esperança. Ouvindo atentamente as preocupações e os fardos do Outro, enquanto comunica sua crença na capacidade dele de crescer, apesar dessa situação, pode mover a dinâmica de uma fraqueza para uma fortaleza e, de maneira significativa, reforçar o seu relacionamento de *coaching*. Quando olhamos profundamente para o potencial de outra pessoa, estamos mostrando respeito. A palavra **respeito** literalmente significa *"olhar de novo"* ou, em outras palavras, **apreciar** suas Forças únicas.

Enquanto eu estava em um *Workshop* de *Coaching* de Forças, um dos instrutores compartilhou sua experiência de ter sido sequestrado em um estacionamento escuro no *Brooklyn*. Ele estava caminhando para o carro, à noite, depois de ter dado uma aula de yoga. De repente, três adolescentes se aproximaram dele e pressionaram uma arma nas suas costas. Eles o forçaram a se sentar no banco de trás do carro, enquanto um dos adolescentes ficou ao seu lado e manteve a arma encostada nele. Os outros dois sentaram-se na frente, e eles fugiram.

Ele teve um ataque de pânico no banco de trás, enquanto eles aceleravam o carro de maneira imprudente pelas ruas da cidade. Logo furaram o sinal vermelho duas vezes em sequência. Ele, aos poucos, se acalmou respirando profundamente como ensina na yoga e disse ao motorista: *"Se você continuar furando sinais vermelhos, a polícia vai nos perseguir, e isso não vai acabar bem"*.

A velocidade do carro foi diminuída, e os jovens começaram a falar com ele. *"Você se parece conosco"*, comentaram. Uma vez que meu colega havia recuperado a compostura, decidiu usar as habilidades aprendidas no *Coaching* de Forças e questionou-lhes: *"Em que vocês são bons?"*. O líder respondeu com um rosário de obscenidades, mas meu colega persistiu com suas perguntas: *"Não, eu quero dizer em que você é realmente bom? O que você ama fazer?"*.

Depois que perceberam que ele estava de fato interessado, se acalmaram e responderam: *"Somos bons no hip-hop. Nós gostamos de mover nossos corpos e do ritmo. Às vezes escrevemos algumas letras"*. Eles, então, colocaram um boné de beisebol na cabeça e ensinaram-lhe alguns movimentos de *hip-hop*, fazendo-o dançar no banco de trás com a arma nas costas. Depois de um passeio cheio de alegria de quarenta e cinco minutos, eles o deixaram em um beco escuro numa rua do *Brooklyn* e sumiram.

O interessante desse episódio é que, no dia seguinte, a polícia encontrou seu carro, que era quase novinho em folha, completamente sem danos com seu *laptop* exatamente onde ele deixara. Ele concluiu seu relato dizendo: "*Estamos fazendo as perguntas erradas para as pessoas. Estamos perguntando 'O que está errado com você?', em vez de perguntar 'O que é certo em você?'*".

Desapegando

Para muitos de nós, o perdão equivale à rendição numa batalha. Mas, uma vez que percebamos que contribuímos para nosso próprio sofrimento quando nos agarramos à nossa negatividade, nós podemos perceber a sabedoria do desapego. Uma vez ouvi alguém concluir: "*Agarrar-se à raiva é como tomar veneno e esperar que a outra pessoa morra*". Desapegar é libertador.

Com frequência, nos negócios, temos que deixar de lado uma ideia, ou um programa, ou uma marca que não está funcionando. Nós nos apegamos firme e lutamos pelo que pensamos ser certo. Então, quando perdemos, assumimos posturas de rancor ou sabotagem para mostrar que não concordamos com o resultado. A tarefa de um *coach* é orientar as pessoas para além desse nível. Quanto mais cedo perdoamos e nos libertamos para seguir em frente, menor a probabilidade de nos tornarmos, ou permanecermos, vítimas.

Lançar luz sobre nossos pensamentos soturnos e negativos pode diminuir as sombras que eles projetam e nos liberar para fazermos escolhas melhores. É tão simples quanto buscar o lado ensolarado da rua.

Ressignificando o erro

Não precisamos procurar muito para encontrar exemplos de pessoas que acharam maneiras de ressignificar um fracasso em suas vidas. Tenho um amigo que exerceu a advocacia com sucesso por vinte anos. Ele foi sócio e presidente de um grande escritório e, ao mesmo tempo, ocupou cargos de liderança na *American Bar Association* (N.T.: É o equivalente à OAB, no Brasil.). Ele foi um dos advogados que obtiveram o primeiro acordo civil antitruste contra a *Microsoft* no início dos anos 2000, que envolveu centenas de milhões de dólares. O sucesso continuou para Ryan até a última empresa na qual ele trabalhou, uma *startup* que faliu.

Os amigos e colegas com quem ele trabalhava foram demitidos ou forçados a encontrar outro emprego. Ryan permaneceu na empresa, mas ficou profundamente desanimado, pois as perspectivas para o negócio, seus clientes e para ele próprio diminuíram. Ryan explica:

> Na época em que eu estava tentando decidir se ficava ou saía, alguém me enviou um *link* para um vídeo do YouTube com o jogo final de futebol universitário do qual participei na Universidade *Brigham Young*: o *Holiday Bowl* (N.T.: em tradução livre é o Campeonato do Feriado.) de 1980 entre a BYU e a *Southern Methodist University*. O vídeo foi postado pela CBS Esportes e já tinha sido visto centenas de milhares de vezes. Ele narra como a SMU pressionou a BYU por pelo menos três e meio quartos. O jogo começou com 19 a 7 para a SMU no final do primeiro quarto e, com cerca de três minutos para acabar, a pontuação era 45 a 25 para a SMU. Muitos torcedores da BYU deixaram o estádio de San Diego com vergonha e desânimo, assumindo que seria uma vitória extraordinária para a SMU.

Liderada pelo futuro *quarterback* estrela da NFL (N.T.: Liga Esportiva Profissional de Futebol Americano.), Jim McMahon, a BYU superou esse déficit de 45 a 25 nos últimos três minutos do jogo e, em seguida, venceu o jogo com a manobra conhecida como passe *Hail Mary* (N.T.: "Salve, Maria", em português: é um passe no futebol americano para a frente, muito longo, geralmente feito sob pressão, com apenas uma pequena chance de sucesso.). Esse jogo passou a

Forças Autênticas

ser conhecido como *The Miracle Bowl* (N.T.: O Jogo do Milagre) e é consistentemente listado como uma das maiores e mais improváveis recuperações do futebol americano de todos os tempos — mesmo mais de trinta anos depois. O *Hail Mary* do McMahon para Brown é identificado pela *Wikipedia* como um excelente exemplo do que esse passe é.

Quando Ryan assistiu ao clipe do *The Miracle Bowl* no You-Tube, ele se lembrou o que ele e seus colegas descobriram naquela noite em San Diego: não importa o quão sombrias as coisas pareçam, não importa o quão desanimado você esteja, nunca desista — nunca desista! Então, essa lembrança fez com que ele tomasse a decisão de não se demitir. Mas o que ele deveria fazer com problema após problema, e fracasso após fracasso da sua empresa? Parecia não haver esperança. *"Eu esperei mais de trinta anos para alguém escrever um livro sobre a espantosa recuperação do Miracle Bowl, mas ninguém o fez. Então, finalmente decidi: 'Por que não eu?'"*, ele explica.

O resultado desse processo de ressignificação do erro para Ryan é o seu *best-seller Hail Mary — The inside story oh BYS's 1980 Bowl Comeback* (N.T.: ainda sem tradução no Brasil.). Ele reformulou seu fracasso, contando a história do que o inspirou a enfrentar seu desastre comercial e transformou-a no livro mais vendido que também gerou um inspirador documentário, disponível em DVD nos Estados Unidos, com o mesmo nome.

Ryan ainda explica:

> Eu sabia que não queria abandonar totalmente meu negócio. Os investidores e advogados que tínhamos me pediram para ajudá-los a atravessar as águas turbulentas; mas eu também sabia que se eu não encontrasse algo mais significativo e interessante para fazer, ficaria desmotivado. A pesquisa e a redação desse livro, e o fato de me reconectar com colegas e treinadores do time do 1980 que participaram do *Miracle Bowl*, foi outro milagre durante aqueles anos de estresse e falha na minha empresa.

Ele também usou outro tipo de inspiração durante esse período de "fracasso". Disse que sempre admirou o poema *IF* (SE, com tradução, em português, do saudoso Guilherme de Almeida), de Rudyard Kipling desde que tivera de memorizá-lo no ensino médio. Quando estava tentando decidir se escreveria o livro, ele pensou nos versos desse poema que dizem:

> E se és capaz de dar, segundo por segundo,
> Ao minuto fatal todo o valor e brilho,
> Tua é a terra com tudo o que existe no mundo
> E o que mais – tu serás um homem, ó meu filho!

Ryan acredita que *Hail Mary* é seu minuto fatal: isso o inspirou a começar a escrever seu livro.

Recuperando-se do fracasso: crescimento pós-traumático

"Sucesso é a capacidade de passar de falha em falha sem perder seu entusiasmo."

Winston Churchill

Em "Construindo resiliência", um artigo de 2011 da *Harvard Business Review*[4], o Dr. Martin Seligman fala de dois graduados em MBA, Douglas e Walter, que foram demitidos por suas empresas de *Wall Street* durante um período econômico de desaceleração. Ambos se recuperaram do golpe, tendo experimentado depressão e ansiedade. Para Douglas, o trauma durou pouco. Depois de duas semanas, ele disse a si mesmo: "*Não sou eu; é a economia passando por um mau momento. Eu sou bom no que faço, e haverá um mercado para minhas habilidades*". Ele atualizou seu currículo e o enviou a uma dúzia de empresas de Nova York, as quais o rejeitaram. Ele, então, tentou seis empresas em seu Estado natal, Ohio e, logo, conseguiu uma posição.

Walter, por outro lado, caiu em uma falta de perspectivas, ao mesmo tempo, desamparada e sem esperança. "*Fui demitido, porque não*

Forças Autênticas

consigo atuar sob pressão", pensou. "*Não tenho talento para finanças. A economia levará anos para se recuperar.*" Mesmo quando o mercado melhorou, ele não procurou outro emprego e acabou voltando a morar com os pais.

Seligman resumiu as diferenças nas duas experiências:

> Douglas e Walter estão em extremos opostos do *continuum* de reações à falha. Os Douglas do mundo se recuperam após um breve período de mal-estar; dentro de um ano, eles crescem por causa da experiência. Os Walters vão da tristeza à depressão e, em seguida, para um medo paralisante do futuro. Ainda assim, o fracasso é uma parte quase inevitável do trabalho, e é um dos mais comuns traumas da vida.

O trabalho de Seligman com o Exército dos EUA reuniu informações valiosas sobre como é possível a recuperação de uma falha em geral. Escreveu Seligman:

> De um lado estão as pessoas que desmoronam por estresse pós-traumático, depressão e até suicídio. No meio, está a maioria das pessoas, que, a princípio, reagem com sintomas de depressão e ansiedade, mas dentro de um mês mais ou menos, por fatores físicos e psicológicos mensuráveis, voltam para onde estavam antes do trauma. Isso é resiliência. No outro extremo, há pessoas que mostram crescimento pós-traumático. Elas, também, primeiro experimentam depressão e ansiedade, geralmente exibindo todos os sintomas do estresse pós-traumático; mas, dentro de um ano, elas estão em melhor situação do que estavam antes do trauma.

O que impulsiona as pessoas ao crescimento pós-traumático? Uma equipe liderada por Christopher Peterson, professor da Universidade de Michigan e autor do Questionário de Forças do Instituto VIA, trabalhou com o Dr. Seligman no projeto do Exército.

Mais de 900.000 soldados responderam às questões do questionário do VIA. O banco de dados resultante permitiu que especialistas da área de Psicologia Positiva respondessem a perguntas, tais como: Quais Forças de Caráter específicas protegem contra estresse pós--traumático, depressão e ansiedade? Um forte senso de significado resulta em melhor desempenho? As pessoas que pontuam alto em emoções positivas são promovidas mais rapidamente? O otimismo pode ser espalhado de um líder para os seus seguidores? O Dr. Seligman explica:

> Acreditamos que os empresários possam tirar lições dessa abordagem, principalmente em tempos de fracasso e estagnação. Trabalhando com ambos, soldados individuais (colaboradores) e sargentos (gestores), estamos ajudando a criar um exército de Douglas que pode transformar suas experiências mais difíceis em catalisadores para melhorar o desempenho.

É inegável que o crescimento pós-traumático corresponde às Forças de Caráter[5]:

- Melhores relacionamentos (Generosidade, Amorosidade);
- Abertura para novas possibilidades (Curiosidade, Criatividade, Amor ao Aprendizado);
- Contemplação da vida (Apreciação da beleza e excelência, Gratidão, Entusiasmo);
- Força pessoal (Bravura, Integridade, Perseverança); e
- Desenvolvimento espiritual (Espiritualidade).

Às vezes, as experiências que você percebe como falhas são oportunidades que sinalizam que é seu ego que está no banco do motorista e não o seu autêntico Eu. Nossas falhas podem ser os momentos decisivos em nossas vidas, revelando o que nosso verdadeiro propósito é. Mas você tem que estar disposto a olhar para a mensagem do fracasso e colocá-la no contexto de suas metas de longo prazo e valores[6].

Dica de *Coaching*

Lidar com falhas do passado ou experiências dolorosas pode ser desafiador. Coaching não é sobre permanecer atolado no passado. Trata-se de criar um futuro novo e melhor. Note que as perguntas nessa área ajudam o/a coachee a pensar no porvir de maneira esperançosa e otimista. Psicólogos e psiquiatras são bem treinados para explorar questões mentais e emocionais profundas. Procure ajuda se você encontrar desafios além do Coaching.

Perguntas Fortes: Ressignificar o erro

- Quais as melhores Forças e combinações de Forças eu poderia aplicar nessa situação?
- Se essa situação foi projetada sob medida para meu desenvolvimento, como isso mudaria minha perspectiva?
- O que eu faria se acreditasse em minhas Forças e em mim?
- Se eu pudesse modificar minha percepção, o que mudaria?
- Qual é o melhor resultado possível para essa situação?
- Como lidei com sucesso com situações/padrões semelhantes na minha vida? Como eu poderia recriar o sucesso?
- Quais benefícios resultariam se eu deixasse de lado os ressentimentos?

"Enquanto o poder motivacional da autocrítica vem do medo da autopunição, o poder motivacional da **AUTOCOMPAIXÃO** vem do desejo de aprimorar-se."

Dra. Kristin Neffn

Capítulo 8
Emoções conscientes

"Unir Forças de Caráter e *Mindfulness* é trazer uma profunda consciência de nossas melhores qualidades e de como usá-las para melhorar a consciência de todos os aspectos de nossas vidas. *Mindfulness* e as Forças do Caráter potencializam uma à outra. A prática do uso das Forças com *Mindfulness* deve ser intencional e consciente da percepção e aplicação de suas melhores qualidades."

Dr. Ryan M. Niemiec"[1].

Ao orientar as pessoas a gerenciar com maior eficácia suas emoções, eu as treino para que, em vez de fugir de uma circunstância difícil, conectem-se à emoção, pois assim elas provavelmente obterão melhores resultados. Em outras palavras, o melhor é aceitar a realidade daquele momento, sem julgar, condenar, criticar, envergonhar-se ou rejeitar o que se apresentou. Elas devem simplesmente estar dispostas a experimentar uma situação inevitável e seus sentimentos, em vez de cair na negação, autopunição ou resistência ao momento, às vezes, doloroso. Sermos conscientes nos leva a uma vida verdadeira e autêntica e, finalmente, nos permite transformar nossas emoções negativas enquanto criamos um futuro melhor. A chave é aprender uma maneira de experimentar e expressar os sentimentos que vivenciamos sem prejudicar nossos relacionamentos.

Acolher uma situação negativa não significa que você não prefira, torça ou trabalhe para ter algo melhor. Não é uma abordagem passiva da vida: como ser jogado para qualquer lado que o vento sopre em seu caminho. Por exemplo, nas aulas de Psicologia, os alunos das aulas de *Mindfulness* (N.T.: Prática de meditação também conhecida como Atenção Plena.) aprendem a experimentar o momento como ele é, mas isso não significa que eles não têm preferências. A maioria das pessoas que pratica a *Mindfulness* prefere que o mundo seja muito menos controverso e muito mais compassivo. No entanto, o próprio ato de estar atento nos permite abraçar momentos difíceis, quando a vida se apresenta repleta de situações de conflito, estresse ou fracasso e, posteriormente, aprender e crescer a partir dessas experiências.

Desenvolver a Atenção Plena é proveitoso não apenas em um contexto pessoal, mas também profissional. Ela já demonstrou ser capaz de aumentar o foco e a produtividade, enquanto a multitarefa resulta na diminuição de nossa eficácia geral. Pesquisas revelam que estudantes e trabalhadores que rápida e constantemente pulam de tarefa em tarefa têm menos capacidade de descartar informações irrelevantes e cometem mais erros. Um relatório de 2013 da *GFI Software* mostra que 81% dos empregados dos Estados Unidos verificam seu *e-mail* corporativo fora do horário de trabalho e os leem durante casamentos, funerais e outros eventos familiares. Em um ambiente de desempenho, a *Mindfulness* produz um resultado mais desejável.

Conectar-se

Um monge ensinou uma vez a seguinte equação: Dor x Resistência = Sofrimento[2]. Quanto mais resistirmos às emoções negativas, agredindo a nós mesmos com todos os *"deveríamos"*, *"poderíamos"* e *"e se fosse isto ou aquilo"* numa situação, mais sofremos. Essa conversa interna soa familiar? *"Eu deveria ter percebido isso."* *"Se ao menos eu tivesse os recursos, poderia ter feito uma melhor escolha."* *"Eu teria feito isso de maneira diferente se ela não tivesse me pressionado tanto."*

Todos nós temos dolorosas emoções negativas e persistirmos nelas apenas potencializa seu efeito prejudicial. Emoções são frequentemente experimentadas como uma onda; elas podem se desenvolver e florescer. Mas, se estivermos atentos, elas, de maneira natural, não atingem o seu pico e, eventualmente, voltam ao normal. Se elas são represadas (como um rio) podem se tornar estagnadas e tóxicas, ou assim como ocorre com a ultrapassagem do limite de armazenamento de água por uma barragem, os níveis de emoção podem se elevar e transbordar.

Essa prática de conectar-se e observar objetivamente nossas emoções negativas nos permite processá-las, em vez de lutar, fugir ou represá-las. Aprender a processar corretamente as emoções negativas esvazia grande parte do poder que elas exercem. A prática da *Mindfulness* dessa maneira — "conectando-se" à realidade presente — desenvolve a inteligência emocional por meio do cultivo de uma consciência mais profunda sobre nós mesmos e sobre nossas emoções e, ao mesmo tempo, propicia a aprendizagem do exercício mais efetivo do autocontrole. Essa abordagem saudável nos permite fortalecer nosso relacionamento conosco mesmos e com os outros, nos tornando mais produtivos e satisfeitos no final.

Emoções negativas autênticas x debilitantes

As emoções negativas fazem parte da vida. Algumas são autênticas e necessárias para o desenvolvimento. No entanto, outras são falsas e debilitantes. A compreensão de que tipo de negatividade estamos enfrentando determina quais ferramentas podemos usar para retornar a um estado emocional positivo. As emoções negativas autênticas propiciam o crescimento. A Psicologia Positiva descobriu que uma parcela de negatividade mantém nossos pés na realidade e que acolher a dolorosa verdade nos encoraja a aprender e a nos desenvolver.

Por exemplo, é natural lamentar a perda de alguém querido por você, sentir culpa quando faz algo que sabe que está errado, ficar com raiva quando vê uma injustiça, ou sentir-se decepcionado/a quando algo que você realmente quer lhe escapa. Às vezes, experimentar por completo os relacionamentos e a vida em geral demanda que sintamos emoções negativas. É claro que, se não suprimirmos esses sentimentos negativos, inevitavelmente, eles ficam mais fortes e surgem em outras partes de nossa vida. Nós aprenderemos mais adiante, neste Capítulo, como identificar e vivenciar essas emoções negativas autênticas de uma maneira saudável.

Por outro lado, emoções negativas debilitantes causam sofrimento e estresse inútil. Como se os desafios inatos da vida não fos-

Forças Autênticas

sem suficientes, nós geralmente multiplicamos as emoções negativas que sentimos, tornando-nos nosso pior crítico ao longo da experiência dolorosa.

Por exemplo, além do natural desapontamento autêntico quando falhamos em conseguir o emprego dos sonhos, às vezes, adicionamos as seguintes autocríticas: *"Não sou inteligente o suficiente"*. *"Eu nunca me comporto bem"*. *"Nada parece dar certo para mim"*. *"Eu sou um perdedor"*. *"Eu nunca vou conseguir um emprego e vou morar no porão da casa dos meus pais para sempre"*. Reconhece algumas delas? Entra em cena a parte do nosso cérebro determinada a garantir a nossa sobrevivência em um mundo hostil: a nossa tendência é generalizar tudo, catastrofizar o evento e até podemos começar a nos ver como uma vítima.

O ensinamento budista das Duas Setas nos auxilia a entendermos melhor o contraste entre emoções negativas autênticas e debilitantes[3]. Quando somos atingidos por uma emoção negativa, muitas vezes sentimos profunda tristeza e luto. O maior problema é que depois, às vezes, também caímos na ruminação, tornando-nos perturbados ou amargos e até entrando em desespero. Então, sentimos duas dores. É como ser atingido/a por uma flecha e, logo depois, por outra, ainda mais debilitante. Assim, podemos ver a distinção entre a dor, por um lado e, por outro, o sofrimento autoimposto pela dor. Com a segunda flecha, a mais letal, a forma como experimentamos a dor pode ser agonizante e nos abater.

Em nossa cultura de gratificação instantânea, perceber essa distinção entre as duas setas parece confusa porque, assim que sentimos desconforto, tendemos a buscar alívio em algum prêmio externo: comida, automedicação, distração... Há muitas maneiras de evitar a realidade momentânea. Elas podem incluir negação, racionalização, explicação de nossa situação ou tentativa de empurrar nossos sentimentos para segundo plano.

Podemos tentar lidar com a nossa dor projetando nossa raiva nos outros, nos perdendo na autocomiseração, torturando-nos com culpa, e assim por diante. Ao nos familiarizarmos com nossos tipos de

Emoções conscientes

evasões, podemos nos tornar íntimos dos sentimentos mais profundos dos quais procuramos fugir, como medo, desespero, raiva e vergonha. Reconhecer essas emoções dolorosas requer coragem e determinação, mas é o primeiro passo para transformá-las. A mudança ocorrerá quando, primeiro, acolhermos nossa situação conforme ela é.

A prática da Atenção Plena pode nos permitir experimentar nossas emoções negativas, até que elas estejam menos agudas e mais gerenciáveis. E mais, pode capacitar-nos a trabalhar com nossas aflições para começarmos a experimentar a vida integral de uma forma mais produtiva.

Ao lidar com emoções negativas, a abordagem do Filtro das Forças (N.T.: *STRONG Filter©*, no original.) se mostrou eficaz para muitos. Na próxima vez em que você sentir emoções negativas, o primeiro passo é distinguir entre as emoções negativas autênticas, que produzem desenvolvimento quando trabalhadas, e as emoções negativas debilitantes, que causam apenas desânimo, desespero e falta de engajamento.

Observe as características de cada um a seguir:

Emoções autênticas

- Incentivam a autenticidade, mudança positiva e desenvolvimento;
- Baseiam-se em expectativas razoáveis, fatos objetivos e na verdade; e
- Aumentam a confiança.

Emoções Debilitantes

- Desestimulam a autenticidade, produzem desespero e minam o engajamento;
- Baseiam-se em expectativas irracionais, fatos distorcidos e autoengano; e
- Diminuem a confiança.

O passo seguinte é se perguntar: *"O que estou sentindo é calcado em expectativas racionais ou irracionais?"*. *"O que eu sinto é baseado em fatos objetivos e na verdade?"*. Muitas pessoas acham que apenas aplicar esse Filtro para separar emoções autênticas das debilitantes as ajuda a superar os momentos mais desafiadores da vida.

Conectando-se às emoções

Numa conversa durante um processo de *coaching* com uma professora e escritora talentosa, ela compartilhou uma experiência inovadora que teve ao lidar com emoções negativas recorrentes. Ela acompanhou sua filha, uma adolescente socialmente astuta, em uma turnê. Suas memórias da época da adolescência de ter sido a pária, sempre solitária, ressurgiram com intensidade quando, de repente, vários dos demais acompanhantes de viagem dos outros jovens formavam um grupo coeso que se conhecia há anos. Exacerbando sua insegurança estava o desejo de que a filha se sentisse orgulhosa dela. Durante toda a viagem, sentiu que simplesmente não se encaixava enquanto, repetidas vezes, falhou ao tentar fazer parte do grupo. *"Parecia o ensino médio mais uma vez"*, recordou-se.

Na viagem de avião para casa, ela estava sentada ao lado de uma das mães com a qual tinha procurado se aproximar. *"Finalmente, uma chance de me conectar"*, pensou. Naquele momento exato, a mulher pediu licença e mudou-se para um assento vazio no meio de um grupo de mães várias fileiras à frente.

Ao ser deixada sozinha, ela lutou em vão para não levar para o lado pessoal e mergulhou na leitura de seu livro. Enquanto ouvia as três mulheres rirem e compartilharem histórias, sentiu seu coração literalmente começar a se fechar e endurecer em atitude defensiva.

Notou seus pensamentos vagando em torno da autocomiseração e em queda espiral, lembrando-se de outros tempos dolorosos e solitários... *"Eu me sinto tão sozinha"*, lamentou. Em vez de dar voz ao Crítico Interno, ela buscou, em si mesma, conforto.

A resposta que lhe chegou foi: *"Apenas permita-se sentir sua solidão; você não precisa ter mais pensamentos solitários"*. Ela sentiu a pontada da dor de exclusão, seguida de compaixão por si mesma, que gradualmente se transformou em um fogo brilhante de amor e luz, que a encheu de calor e de alegria pacíficos. Depois de saborear o sentimento, mostrou-se confiante e inspirada a se juntar ao grupo, e foi imediatamente bem-recebida na conversa.

E concluiu seu relato: *"Não represei minhas emoções como fiz muitas vezes antes. Eu me permiti senti-las, em toda a sua profundidade, e saboreei minha decisão. Eu me lamentei, mas, logo em seguida, me senti confortada"*.

Dessa vez, ela não fugiu do que estava sentindo, afogando o desconforto na distração. Ela se desafiou a estar presente no momento, para enfrentar seu medo da exclusão, permitindo-se experimentá-lo para que pudesse transcendê-lo. Ao fazer isso, deixou sua insegurança no passado e conseguiu superar o padrão de pensamento que a manteve refém por anos.

Autocuidado

Depois que nos permitimos nos conectar e experimentar nossas emoções negativas, é vital que nos brindemos com o autocuidado. Uma técnica útil que você pode usar é praticar a arte da autocompaixão. A pesquisa conduzida pelos psicólogos positivos Kristin Neff e Christopher Germer em relação à autocompaixão mostra que a maneira saudável de gerenciar emoções negativas inevitáveis é senti-las plenamente enquanto aplica-se técnicas autocalmantes. Logo, suas emoções negativas suavizarão e, eventualmente, perderão seu domínio poderoso e debilitante.

Quando lidamos honestamente com nossas emoções, podemos oferecer genuína compaixão a nós mesmos. Isso nos permite sentirmo-nos cuidados, aceitos e seguros. O peso de emoções negativas é compensado por nosso autocuidado. Podemos, então, mudar o foco para as Forças de Caráter, empregando-as na busca de soluções eficazes. Em seguida, os sentimentos, produzidos por nós mesmos, de bem-estar e segurança desativam o sistema de ameaças do nosso corpo, acalmando a amígdala cerebulosa e diminuindo a produção de substâncias químicas que causam estresse. O resultado é o aumento da liberação, pelo cérebro, de substâncias químicas positivas[4].

Neff identifica três elementos-chave da autocompaixão. O primeiro é a **autobondade**, o que implica ser gentil e compreensivo conosco mesmos quando sofremos, falhamos ou nos sentimos inadequados, em vez de ignorarmos nossa dor ou nos flagelar com autocrítica. O segundo é a **humanidade universal**. A frustração que sentimos quando não temos as exatas coisas que desejamos é frequentemente acompanhada por um sentimento irracional de isolamento — como se fôssemos a única pessoa que sofre ou comete erros. O terceiro elemento-chave é a *Mindfulness*. A autocompaixão exige uma atitude equilibrada e uma abordagem consciente de nossas emoções negativas para que nossos sentimentos não sejam nem suprimidos nem exagerados[5].

O Efeito de Desfazer

O próximo passo para "desfazer" uma emoção negativa é intencionalmente cultivar emoções positivas para colocar em seu lugar. Você já foi arrebatado/a por uma emoção negativa, apenas para se surpreender com a rapidez com que essa se dissipa quando uma emoção positiva se torna o novo foco? Talvez tenha sido um telefonema inesperado de uma pessoa querida, uma citação inspiradora que você encontrou, sua música favorita tocando no rádio ou algo na TV que fez você sorrir? Como isso aconteceu? E se pudesse aprender a "desfazer" as emoções negativas quando necessário?

Existem evidências da relação entre o "efeito de desfazer" e as emoções positivas que sugerem que as pessoas podem melhorar seu bem-estar psicológico, e talvez também sua saúde física, cultivando as experiências de emoções positivas em momentos oportunos, como estratégia para lidar com emoções negativas. Uma emoção positiva pode diminuir a fixação que uma emoção negativa ganhou na mente e no corpo de uma pessoa[6].

Os cientistas testaram esse "efeito de desfazer", primeiro, induzindo uma emoção negativa em todos os participantes, pela demanda de que fizessem um discurso com tempo cronometrado: os participantes tiveram apenas um minuto para preparar a fala. Eles foram levados a acreditar que seu discurso seria gravado em vídeo e avaliado por seus pares. Essa súbita demanda por falar em público induziu a ansiedade e, em consequência, aumentou a frequência cardíaca, a vasoconstrição periférica, a pressão sistólica e a pressão arterial diastólica.

Então, os cientistas designaram aleatoriamente participantes para assistir a um de quatro filmes. Dois filmes provocaram um leve aumento de emoções positivas (alegria e contentamento). Já o terceiro serviu como uma condição neutra de controle da experiência, e o quarto provocou tristeza. Em três amostras independentes, participantes que assistiram aos dois filmes de emoções positivas demonstraram recuperação cardiovascular mais rápida do que os do grupo de controle (condição neutra). Os participantes que viram o filme da categoria de tristeza apresentaram as recuperações mais atrasadas[7].

Ferramenta Conexão-Cuidado-Criação

Sintetizei o que entendo que sejam as melhores técnicas para gerenciar emoções negativas na ferramenta que batizei de Conexão-Cuidado-Criação (N.T.: *Connect, Care, Create*© *Tool* no original.). Essa ferramenta ajudará você a lidar com emoções negativas inevitáveis, associadas às decepções pessoais e profissionais, perdas ou erros. Primeiro, porque seu cérebro tende a concentrar-se num único evento e a permanecer preso em um ciclo interminável de ruminação. Esse processo direciona sua atenção para seu corpo, o que ajudará você a interromper o ciclo, dando ao seu cérebro algo novo para se concentrar. Segundo, solicita que se cuide e auxilia o processo de aceitação do fato de que as emoções negativas fazem parte da vida. Terceiro, esse processo ajuda você a aprender a transformar uma emoção negativa usando suas Forças como uma lente para resolver a questão, por meio da criação de novas emoções positivas para desfazer o efeito da emoção negativa.

Forças Autênticas

Ao usar essa ferramenta, as pessoas me dizem que há uma sensação de alívio e uma liberdade da ruminação que os leva ao desenvolvimento verdadeiro. A parte mais encorajadora dessa abordagem é que podemos aprender a processar produtivamente emoções negativas[8]. Afinal, você é a única pessoa em sua vida que está sempre por perto quando sente emoções negativas, então por que não aprender a oferecer a si mesmo o melhor antídoto?

CONEXÃO	Sente-se numa posição confortável. Torne-se atento/a e se conecte à emoção negativa que está sentindo. Abrace todos os aspectos da emoção sem julgá-la, culpá-la, evitá-la ou fugir dela. Apenas deixe-se experimentá-la com sinceridade e objetividade. Se você contribuiu para a situação, reconheça seu papel, de maneira honesta, usando a autocompaixão em lugar da autocrítica. Onde, em seu corpo, você sente mais a emoção?
CUIDADO	Pratique o autocuidado. Relaxe a área onde você está sentindo a emoção negativa (seu estômago, ombros, peito, costas etc.) e imagine-se dissolvendo-a, como um cubo de gelo derrete em água morna. Envie para si mesmo/a compaixão, lembrando-se de que todos experimentam momentos difíceis, perdas, erros e falhas. Certifique-se de que você se dará o suporte necessário para passar por essa experiência e que tomará medidas para melhorar a situação.
CRIAÇÃO	Que Força(s) você pode invocar para lhe ajudar a transformar essa emoção negativa e criar um resultado positivo? Como pode aprender e crescer a partir dessa experiência? Que novas emoções positivas você está sentindo agora... esperança, perdão, amor, perspectiva, generosidade, autocontrole? Observe como sua emoção negativa gradualmente se dissipa e perde seu poder sobre você e como novas emoções positivas são criadas em seu lugar.

Aviso legal: Algumas emoções negativas, como aquelas enraizadas em problemas de saúde mental, abuso de substâncias, ambientes tóxicos etc., podem exigir a ajuda de um profissional médico ou terapeuta. Por favor, procure ajuda apropriada se for este o seu caso.

Conexão-Cuidado-Criação em ação

Um ótimo exemplo de ativação dos princípios de "Conectar, Cuidar, Criar" é Madre Teresa de Calcutá. Um dia, a religiosa foi a uma padaria local a fim de pedir pão para as crianças famintas do orfanato. O padeiro, indignado com pessoas implorando pelo alimento, cuspia em seus rostos e recusava-se a doar. Madre Teresa pegou calmamente o lenço, limpou o cuspe da face e disse ao padeiro: *"Obrigada. Isso foi para mim. Agora, que tal o pão para os órfãos?"*. O padeiro ficou tão comovido com a reação dela que ele se tornou um doador fixo[9].

O que eu amo nessa história, além da expressão das Forças de Coragem, Perdão, Perseverança, Autocontrole, Humildade e Amorosidade demonstradas por Madre Teresa, é de que maneira ela consegue pacificamente mudar a mente e a resposta emocional do padeiro. Madre Teresa nos mostra como reagir ao insulto sem ser um capacho, como experimentar, perseverar diante de uma situação negativa e transformá-la por meio do autocontrole emocional. Ela não lutou, fugiu ou represou suas emoções, mas conectou-se à realidade do momento. Ela sabia que se não tivesse tomado o insulto do cuspe com leveza e graça, as crianças do orfanato sumiriam ou continuariam famintas.

A missionária estava sendo guiada por seu propósito, e sua devoção a isso era suficiente para resistir às tempestades de ofensas, usando uma emoção positiva para desfazer a emoção negativa: dignidade em meio ao desrespeito.

Dica de *Coaching*

Aprimore sua autoconsciência. Quando você identificar as emoções negativas, tome a decisão de usar o filtro da autenticidade x debilidade que aprendeu nas páginas anteriores.

Forças Autênticas

Perguntas Fortes: Emoções conscientes

- O que estou sentindo que é baseado em fatos objetivos e na verdade?
- O que estou sentindo que é baseado em expectativas irracionais ou não razoáveis?
- Como estou resistindo e prolongando os efeitos da realidade presente?
- De que modo posso observar as emoções para melhor entendê-las e saber sua origem?
- Como posso me assegurar de que me darei o apoio necessário para passar por esse momento difícil?
- Quais Forças de Caráter podem me ajudar mais nessa situação?
- Quais recursos posso acessar para obter mais conforto e apoio durante essa situação?
- Que aspectos dessa situação e emoções desafiadoras me ajudarão a aprender e me desenvolver mais?
- Essas emoções me ajudam a ter mais empatia com os outros?
- Qual o aprendizado extraio dessa experiência que poderá me servir no futuro?

APLICAR
AS FORÇAS

"A melhor parte de quem você é tem aguardado sua vida inteira para se manifestar; não a faça esperar mais."

Dr. Steve Maraboli

A terceira etapa do processo de *coaching* da ASA é chamada 'Aplicar'. Essa etapa é literalmente sobre colocar em prática as Forças. É onde o pneu toca a estrada, e agora cumprimos nossas metas cuidadosamente projetadas. Nós aplicamos nossas Forças implantando-as regularmente, desenvolvendo-as por meio de atividades direcionadas e usando o processo semanal dos *3Rs*, que é baseado no princípio da progressão positiva – sempre honrando as Forças dos outros.

Fatima Doman

© 2014, *Authentic Strengths Advantage, LLC*. Todos os direitos reservados.

As motivações para a aprendizagem têm uma base **EMOCIONAL**

Mary Gordon, Educadora canadense, criadora do Programa Roots os *Empathy*

Capítulo 9
Inteligência emocional como combustível das Forças de Caráter

"Aprendi que as pessoas esquecerão o que você disse; que elas esquecerão o que você fez, mas as pessoas nunca esquecerão como você as fez se sentirem."

Maya Angelou

"As habilidades da inteligência emocional são sinérgicas com as cognitivas; aqueles que alcançam os melhores desempenhos têm ambos. Quanto mais complexo o trabalho, mais a inteligência emocional é importante — mesmo porque uma deficiência nessa habilidade pode dificultar o uso de qualquer conhecimento técnico ou intelectual que uma pessoa possa ter."

Dr. Daniel Goleman

Trudy nunca conseguiu ser reconhecida no ensino fundamental ou médio como mãe de um aluno de destaque. Às vezes, parecia que todos os outros pais da escola se levantavam para receber algum tipo de aplauso pelas realizações de seus filhos, menos ela. O menino dela tinha uma inteligência mediana e era muito esforçado, embora fosse portador de um déficit de aprendizagem em leitura e escrita.

Vários anos depois que se formara no colegial, ele se tornou um aluno surpreendentemente bom de um curso superior de tecnologia. Um dia, Trudy estava conversando com uma amiga que fora professora na escola secundária de seu filho. A professora que perguntou se o nome do filho dela era Robert, para então contar que quando questionou outra ex-colega de trabalho, na festa de aposentadoria desta, sobre quem fora seu aluno favorito, ela falou de Robert, filho de Trudy.

Aquela mãe ficou atordoada. *"Você deve estar enganada"*, disse. *"Meu filho nunca se distinguiu no ensino médio."*

A razão pela qual a professora de inglês aposentada se lembrava dele, apesar de a Língua Inglesa provavelmente ser sua matéria de maior dificuldade, era que *"ele era um bom rapaz, muito atencioso e tinha sempre uma atitude positiva"*. Trudy tinha ouvido coisas semelhantes durante reuniões na escola; vários professores disseram algo no sentido de que, embora seu filho não se sobressaísse nos trabalhos escolares, ele era tão honesto e gentil que tinham certeza de que o garoto se sairia bem na vida. Ela achava difícil acreditar nisso: ansiosa por seu filho não tirar notas melhores nem alcançar metas mais altas.

Mas ele tirou boas notas, depois de se formar no colegial, e iniciou uma carreira na área da saúde. Robert se destacou em todos os trabalhos que assumiu, os quais pavimentaram seu caminho para uma posição permanente como terapeuta respiratório no Hospital de Veteranos, onde ele não apenas salvou vidas, mas treinou outras pessoas no trato com os pacientes internados. Além disso, era um dedicado bombeiro voluntário e paramédico em sua comunidade. Dez anos depois do ensino médio, estava casado, comprara uma casa, era um membro ativo de sua igreja e da comunidade, possuía boa renda e ótima segurança no emprego.

Embora o **Quociente de Inteligência (QI)** do filho de Trudy e outros testes sempre tenham trazido resultados baixos, as evidências de seus atuais sucessos indicam que ele tem Forças de Caráter altamente desenvolvidas, que se traduzem em um **QE** alto – ou **Quociente de Inteligência Emocional** – uma característica que ele compartilha com muitos executivos de nível sênior.

Inteligência Emocional no século XXI

Em seu livro *Os Humanos Subestimados*, Geoffrey Colvin explica que as pessoas sempre insistem em que algumas funções sejam feitas por seres humanos, mesmo se os computadores fossem capa-

Inteligência emocional como combustível das Forças de Caráter

zes de realizá-las. As atividades que se baseiam na Inteligência Emocional serão os empregos do futuro, porque humanos são animais sociais. Colvin chama aqueles que se destacam em trabalhar com outros de "*trabalhadores de relacionamento*" e prevê que eles serão os mais valiosos colaboradores do século XXI. Os empregos do futuro exigirão inteligência social e emocional alimentada pelo caráter.

Para a finalidade deste livro, a definição extremamente simplificada da Inteligência Emocional (IE) é: a capacidade de reconhecer nossos próprios sentimentos e os dos outros e a habilidade de gerenciar esses sentimentos para motivar a nós mesmos e aos outros a fazer o melhor possível. Para mais informações sobre o tema, recomendo fortemente o inovador trabalho sobre QE feito pelo Dr. Daniel Goleman em seu livro *Trabalhando com a Inteligência Emocional*. Dr. Goleman, como principal autoridade mundial no assunto, apresentou a proposição, em meados dos anos 1990, de que ser "rato de biblioteca", ter altas pontuações de QI, ou mesmo se formar nas universidades de maior prestígio nos Estados Unidos, as chamadas "Ivy League", como *Harvard*, *Yale* e *Princeton*, não garante sucesso. E adivinhe? Muitas Forças de Caráter compõem a Inteligência Emocional, como Prudência, Autocontrole, Empatia e Espírito de Equipe, só para citar algumas.

O que há de tão atraente no QE? Por que o mercado de trabalho foi inundado por esse conceito, que era originalmente do campo da pesquisa acadêmica sobre inteligências e capacidades? Passei uma semana fazendo um curso com Goleman e sua esposa, Tara, e nesse período discuti essa questão e outras mais durante as refeições com ele. Dr. Goleman me disse que esse conceito de *coaching* é tão emocionante para ele, porque se concentra em trazer à superfície as Forças das pessoas e ajudá-las a entender quando e onde elas podem aplicá-las perfeitamente para criar um futuro melhor.

A Inteligência Emocional como combustível para as Forças de Caráter

No meu *coaching*, converso com os/as clientes sobre construir o que chamo de **Inteligência das Forças de Caráter (IFC)**, a qual,

Forças Autênticas

acredito, alimente o Quociente da Inteligência Emocional (QE). Muitas pessoas percebem a IFC ou o QE erroneamente como algo que você tem ou não, como carisma ou um QI alto. Não é verdade. Primeiro, a IFC e o QE, ao contrário do QI, podem ser aprendidos e aprimorados. Pesquisas mostram que a IFC e o QE são frequentemente mais importantes que o QI em quase todos os papéis, mas, especialmente, nos de liderança.

O modelo de Goleman representa quatro grupos de competências para Inteligência Emocional: dois na categoria de competência pessoal e dois sob competência social. Seu modelo se alinha perfeitamente com a consciência pessoal e social que resulta da compreensão de nossas Forças. De várias maneiras, entender e aplicar a Inteligência das Forças de Caráter (IFC) é sinônimo de competências de Inteligência Emocional (IE) e, na verdade, a alimenta.

Inteligência Emocional:

> **Competências pessoais**: esse grupo de competências inclui autoconsciência e autogestão. A autoconsciência é a capacidade de reconhecer um sentimento quando ele surge, de identificar o que é, de onde vem e qual a causa. Isso é útil porque nos permite entender o que estamos fazendo corretamente, o que nos motiva e com aquilo que não lidamos bem – nossos gatilhos. Autogerenciamento é a capacidade de usar a consciência de suas emoções para gerenciar seu comportamento, sendo o porto seguro numa tempestade.
>
> **Competências sociais**: esse grupo de competências inclui consciência social e gestão de relacionamentos. Consciência social é ser capaz de captar as emoções das outras pessoas a partir do que elas escutam, observam e têm empatia. Gestão de relacionamentos é a capacidade de construir relações sólidas por meio da comunicação a fim de lidar com conflitos de maneira produtiva e não punitiva[1]. (Goleman, 2005).

Forças intrapessoais e interpessoais podem ser desenvolvidas por intermédio de **práticas consistentes** que alimentam a Inteligência Emocional. Muitos agentes de mudança acreditam que leva em média de 21 a 30 dias para criar um comportamento consistente. Por isso, a chave é trabalhar na formação de uma nova prática baseada na Inteligência Emocional e nas Forças de Caráter por vez, experimentando progressivo sucesso, para, então, concentrar-se na próxima prática que você deseja formar.

Transparência e responsabilidade

Aristóteles desafiou a humanidade a gerenciar suas emoções e sua vida intelectual com caráter. Há muito que lutamos com esse chamado do desenvolvimento do nosso caráter como sociedade, conforme evidenciado pela exposição na mídia de casos de corrupção corporativa. É mais importante do que nunca que os líderes exibam Forças de Caráter e promovam uma política de transparência corporativa e responsabilidade social que restaurará a confiança do público em nosso governo, instituições educacionais e corporações.

A maré está mudando. Comportamento ganancioso, agressivo e atendimento deficiente ao cliente são rapidamente expostos nos dias de hoje. A reputação de uma empresa pode ser devastada em uma campanha nas redes sociais. Espera-se um comportamento maduro, equilibrado, transparente, emocionalmente competente e baseado em caráter.

De longe, a líder mais inspiradora que já tive foi minha chefe, Paula, que era uma pessoa extremamente guiada por suas Forças de Caráter. Quando a conheci, mencionei a ela uma apresentação que eu estava montando. O mercado no qual estávamos inseridas era competitivo e, por isso, era importante que tivesse algo único e de vanguarda na minha apresentação. Pedi a ela apenas um *slide* em particular, sabendo que Paula havia desenvolvido suas próprias apresentações durante anos de trabalho. Ela me levou até o escritório, abriu dois arquivos e disse: *"Fátima, pegue o que quiser"* e me deixou sozinha lá.

Forças Autênticas

Senti como se tivesse tirado a sorte grande, não apenas pelas informações úteis para minha apresentação, mas pela generosidade, trabalho em equipe, liderança e total transparência. Sua abertura demonstrou tanto a sua confiança nela própria quanto a sua crença em mim. Ao longo dos anos, ela ascendeu ao nível executivo, como vice-presidente, impulsionando as pessoas ao seu redor e elogiando publicamente aquelas que se reportaram a ela. Suas equipes prosperaram.

Outra experiência na qual pude testemunhar a Inteligência Emocional sendo o combustível das Forças de Caráter ocorreu durante uma consultoria que prestei a um executivo. Numa reunião da equipe dele, apresentei uma ideia que era importante para mim, mas que nos tirou do caminho. Roger graciosamente nos posicionou de volta nos trilhos, sem invalidar ou desvalorizar minha ideia, para que eu pudesse permanecer confiante em dar minhas contribuições no futuro. Ele poderia ter reprimido meu entusiasmo, mas treinou-se ao longo do tempo para colocar relacionamentos importantes em primeiro lugar, em vez de deixar uma reunião levá-lo à frustração. Ele conseguiu expressar que estava feliz por eu ter compartilhado uma ideia importante, que deveria ser guardada para discussões futuras, mas que precisávamos voltar para onde estávamos. Não houve castigo, apenas um agradecimento muito genuíno e um compromisso a ser acompanhado. Ele exercitou suas Forças de Empatia, Espírito de Equipe, Generosidade, escolhendo focar no relacionamento e não na necessidade de alcançar algo imediatamente, à custa da moral.

Autocracias não constroem mais empresas de sucesso. **Um grande líder não quer ser o único líder.** É preciso dar subsídios de qualidade e *feedback* para a criação de uma visão envolvente. As organizações de sucesso de hoje estão aprendendo que incentivar mais pessoas a liderar é onde reside a vantagem. Nossas organizações estão contando conosco para trazer nossas Forças de Caráter únicas para o ambiente corporativo, para que possamos combiná-las com as Forças dos outros e, assim, termos um conjunto melhor. A mera obediência, sem crítica ou diálogo, não faz bem a ninguém.

172

Autenticidade das Forças: IFC

Quando vivemos vidas não autênticas, incapazes de expressar nossas Forças de Caráter únicas, perdemos nossa conexão conosco mesmos e, pouco a pouco, podemos desenvolver frustração, raiva e desconfiança em relação a nós mesmos, bem como estendê-las aos outros. O antídoto para isso é praticar a autenticidade das Forças, que se torna nosso cartão de visitas natural no mundo, por meio de nossas Forças de Caráter.

A chave é desenvolver a conscientização e a apreciação das nossas Forças, bem como das Forças de todos os que nos cercam, enquanto fazemos um esforço consciente para aplicá-las onde for apropriado. Por outro lado, obrigar as pessoas a se encaixar em papéis que não são autênticos para elas, a longo prazo, pode prejudicar um projeto e uma equipe. De fato, existem estudos da Psicologia Positiva indicando que pacientes cardíacos danificaram o coração fingindo sorrisos e atitudes positivas, dada a imposição similar à da contrição do ventrículo observada quando as pessoas experimentam emoções negativas intensamente[2]. Se a positividade não for autêntica, será necessário desenvolver autoconsciência para explorar maneiras de transformar, de maneira genuína, um estado negativo em um positivo.

De fato, novas pesquisas mostram que a falsa positividade pode ser tão corrosiva quanto a raiva. Mesmo para as pessoas mais felizes, a simples negação de tempos difíceis não os faz desaparecer. Eu nunca concordei com o provérbio: *"Finja ser algo até que pareça verdade"*. Prefiro dizer aos meus clientes: *"Acolha algo até que você se transforme nele"*. Descobri que quando as pessoas se conectam às suas Assinaturas de Forças autênticas, elas descobrem que um ingrediente necessário para ajudar a transformar situações desafiadoras foi adicionado: uma parcela extra de energia.

Uma coisa maravilhosa sobre a Inteligência Emocional é que ela cresce por meio do uso ideal de nossas Forças de Caráter e, embora frequentemente se desenvolva de maneira natural com a idade, também pode crescer quando a autenticidade é posta em prática. Não se trata de aprender um roteiro, mas, sim, de desenvolver uma nova percepção da realidade centrada em ser uma contribuição para os outros.

Qual é o custo para a criatividade da organização se as ideias são descartadas ou se os componentes da equipe são silenciados ou constrangidos? O que pode ser perdido por causa da impaciência e da falta de tato? A chave, como aprendemos antes, é lidar com esses momentos como um *coaching* de Forças e não como um crítico.

Acolhendo a mudança

São nossos atributos humanos, não sobre-humanos, que fazem grandes líderes[3]. Esses atributos humanos incluem a capacidade de cooperar, de criar com a ajuda dos outros e também de mudar nosso capital social e a nós mesmos.

A adaptabilidade é essencial, tanto no mundo dos negócios quanto no mundo social dos relacionamentos. O mercado muda, mas nossas necessidades também, enquanto passamos pelos estágios de nossa vida. Um endosso ao relatório de Forças do Instituto VIA diz:

> Líderes que se destacam pela coragem interpessoal, com frequência cultivam relacionamentos autênticos com seus colegas — do tipo gerador de profundo comprometimento emocional, tanto com indivíduos quanto com a organização. A mudança pessoal duradoura se origina dentro de cada indivíduo.

Notei um efeito cascata com meus clientes de *coaching* que lideram autenticamente a partir de suas Forças de Caráter: seu comportamento é transmitido por meio das relações pessoais e profissionais até às grandes comunidades.

As pessoas, muitas vezes, percebem a necessidade de mudança como um sinal de falha ou fraqueza. Na verdade, mudar abre as portas para a liberdade de experimentar a inovação, o que, muitas vezes, leva a melhores ideias, produtos e mais sucessos. Como Alexander Pope, um dos maiores poetas britânicos do século XVIII, afirmou:

> Um homem nunca deve sentir vergonha de admitir que errou, o que é apenas dizer, noutros termos, que hoje ele é mais inteligente do que era ontem[4].

Dica de *Coaching*

Exercite bastante sua IFC e sua IE, fazendo-se as perguntas a seguir, destinadas a explorar, de um lado, autoconsciência e gestão, e de outro, consciência social e gestão de relacionamentos.

Perguntas Fortes: IFC

- Como posso desenvolver uma melhor consciência das minhas Forças?
- Quais das minhas Forças intrapessoais posso usar para desenvolver minha autoconsciência? (Veja mais no gráfico de dois fatores do relatório VIA, constante da Ilustração 2 no Apêndice ao final deste livro).
- Quais das minhas Forças interpessoais posso empregar a fim de desenvolver minha consciência social? (Veja mais no gráfico de dois fatores do relatório VIA, constante da Ilustração 2 no Apêndice ao final deste livro).
- O que posso fazer para entender melhor meus sentimentos e emoções e expressá-los de uma forma mais sensata?
- Quais Forças posso usar para aprimorar minha capacidade de ouvir e de entender os outros?
- Quais diferenciais de Forças valorizo nos outros e como eles são benéficos?
- Como posso ajudar a mim e aos outros a ver a Humildade como uma Força, em lugar de uma fraqueza?
- De que maneira posso aprimorar minhas Forças de Empatia, Liderança e Espírito de Equipe?
- Qual relacionamento pessoal importante gostaria de desenvolver? Qual é a relação profissional que gostaria de gerar? Como farei isso?

Instituições positivas não apenas valorizam e conectam forças humanas, mas também servem para refleti-las e ampliá-las na formação da **SOCIEDADE**.

Dr. David Cooperrider

Capítulo 10
O bando inteligente

"Com um momento de reflexão, fica claro: emoções positivas promovem os tipos de habilidades que as organizações desejam em seu time de líderes e que nossos clientes de *coaching* gostariam de construir em si mesmos."

Dr. Carol Kauffman

Gary, um CEO, entregou ao seu braço direito, Frank, um novo projeto de natureza empreendedora e diferente de outros empreendimentos nos quais eles haviam trabalhado juntos anteriormente. A tarefa de Frank era distribuir o produto que a empresa acabara de lançar. Isso exigiu a criação de novos canais de distribuição e a conexão com parceiros com os quais a empresa nunca havia trabalhado antes.

Gary ficou desapontado com o quão lentamente as coisas estavam progredindo, e Frank, por sua vez, também se frustrava com a decepção de Gary. Os dois desenvolveram tensão no que, em outros tempos, sempre fora uma boa relação de trabalho. Gary, então, decidiu se sentar com Frank e examinar de forma minuciosa os respectivos relatórios de Forças do VIA.

Como as principais Forças de Gary eram Criatividade e Perseverança, isso o levava a sair, experimentar coisas novas e continuar persistindo até que ele obtivesse sucesso. Já as de Frank eram Senso Crítico e Prudência, o que o fazia executar as tarefas somente após terem sido cuidadosamente pensadas e parecessem ter alta probabilidade de sucesso. Uma conversa entre eles ajudou Gary a perceber que as Forças de Frank eram complementares às suas e que, por isso, eles sempre formaram uma equipe tão boa. Aprender sobre as Forças um do outro fez com que ele apreciasse a abordagem de Frank, embora diferente da dele, mas que poderia funcionar também. Depois que Gary reconheceu essa faceta do colega de trabalho, ele o liberou para liderar e executar o projeto com suas próprias Forças, o que resultou num enorme sucesso.

Neste Capítulo, oferecerei uma nova perspectiva sobre você mesmo e aqueles com quem interage, resultando em novas possibilidades de melhoramento do seu desempenho e da sua satisfação na vida. Vamos explorar o que o Instituto VIA chama de a "dança" que ocorre entre as pessoas nas equipes e nas organizações. Às vezes, essa dança pode ser desajeitada e dolorosa quando alguém pisa em nossos dedos. Em outras oportunidades, é poesia a contemplar. Como desenvolvemos a capacidade de dançar fluidamente com uma variedade de pessoas em circunstâncias em constante mudança? Como Frank e Gary perceberam, reconhecer e apreciar as Forças um do outro é a chave.

Muitas pessoas sentem que são incompatíveis com seus empregos e com seus colegas de trabalho e se veem em uma "crise de falta de engajamento". De fato, oitenta por cento dos entrevistados em um estudo da *Gallup Global Workforce* estão no caminho do murchamento, que é o contrário do florescimento.

Certamente não podemos esperar que nossas organizações funcionem bem se não houver um bom ajuste entre os colaboradores e as atividades que estes devem executar. A questão, portanto, é como os líderes podem garantir que o colaborador esteja no lugar certo e como os colaboradores, por si mesmos, podem avaliar onde se encaixam melhor na equipe e na organização. Um relatório da *Harvard Business Review* mostrou que o engajamento aumenta significativamente o desempenho[1]. Por isso, é melhor para o interesse de todos que encontremos o melhor ajuste com as pessoas com as quais trabalhamos.

Em 2012, a *Harvard Business Review* dedicou uma edição inteira a esse tópico, elaborando a manchete em sua capa: "*Como o bem-estar dos colaboradores gera lucros*". Um estudo de Killingworth em 2012 relatou: "*A felicidade no trabalho pode depender mais de nossas experiências momento a momento do que de condições como alto salário ou título de prestígio*"[2]. Essas descobertas podem ser úteis

O bando inteligente

tanto no ambiente de trabalho quanto em nossa vida particular para nos ajudar a entender melhor o que nos motiva e aos outros.

Psicologicamente falando, todos nós temos tamanhos e formas diferentes. Possuímos perfis de Forças diferentes. **O essencial é mantermos o foco em encontrar nossa "impressão digital" de Forças (nossa Assinatura de Forças de Caráter), para, em seguida, descobrirmos como imprimir essa digital em nosso trabalho**[3]. O relatório de Forças do Instituto VIA nos ajuda a definir nossas Forças únicas para que, então, possamos encontrar o nosso lugar ideal para nos conectarmos com os outros a nossa volta.

Operar uma empresa como se as pessoas fossem peças de máquinas projetadas para executar funções sem o devido reconhecimento da humanidade delas é um terrível engano. Mas, quando as empresas operam com o reconhecimento da humanidade de sua força de trabalho, elas desencadeiam o potencial humano, por exemplo, por intermédio da criatividade, ajustes, aumento da produção etc[4]. As Forças de Caráter (especialmente as da Assinatura) são o aspecto mais importante de nós mesmos pelo qual queremos ser reconhecidos e compreendidos pelos outros e cuja expressão nos é tão cara. Virtualmente, o relatório anual de toda empresa afirma que os seus colaboradores são o seu maior patrimônio, contudo pesquisas mostram que apenas um minúsculo número de organizações gerencia os colaboradores de maneira que eles se sintam valorizados e apreciados por suas Forças.

As Forças transformam o trabalho em um chamado

Quando encontramos uma maneira de colocar nossa impressão digital em nosso trabalho, este se torna um chamado, na medida em que evoca o que há de melhor em nós: nossas Forças de Caráter. **Não queremos apenas fazer bem aquilo que podemos, queremos também fazer bem as coisas com as quais nos *importamos*.** Um excelente exemplo disso é o famoso médico Albert Schweitzer, laureado com o Prêmio Nobel da Paz em 1953. Sua expressão "reve-

Forças Autênticas

rência pela vida" permeou o trabalho de sua existência. O famoso médico alemão compartilhou com o mundo sua firme crença de que nenhuma pessoa deve prejudicar ou destruir a vida, a menos que seja absolutamente necessário. Ele queria aliviar o sofrimento alheio. Por isso, ao lado de sua esposa, que era enfermeira, construiu e administrou um hospital no Gabão, até então uma colônia francesa. Esse esforço se tornou um exemplo para os outros[5].

Para nos engajar em nosso trabalho e estarmos satisfeitos, nós podemos procurar encontrar expressão pessoal no que fazemos e inserir todo o nosso ser naquele trabalho. Não queremos apenas fazer coisas nas quais nos sintamos competentes e capazes de performar (talentos). Queremos também realizar aquilo que nos satisfaça e nos faça sentir completos (Forças de Caráter).

Uma empresa, depois de fazer tudo o que pode em seu recrutamento e em esforços de desenvolvimento da equipe, possui uma quantidade X de talento a bordo – e seu desafio é conciliar esse talento com seus desafios produtivos. O caminho para as empresas fazerem isso é energizar e inspirar sua força de trabalho por meio do reconhecimento e do desenvolvimento das Forças de Caráter. É isso que pode elevar o nível de uma organização de bom para ótimo. Como ressalta o Dr. Mayerson:

> As Forças de Caráter são o combustível e o leme. Se nossos talentos não são bem dirigidos e motivados, teremos um desempenho inferior[6].

O Bando inteligente

Muitas vezes, certas coisas na natureza parecem superficialmente desorganizadas, quando, na verdade, estão se comportando de uma maneira muito mais inteligente, nada óbvia. Isso é chamado de "auto-organização". As equipes dinâmicas nem sempre funcionam de maneira linear, mas como um bando de pássaros ou um enxame de insetos. Grupos funcionais ideais distribuem importantes informações entre seus integrantes, em vez de concentrar todo o conhecimento em apenas alguns. A diversidade de perfis de Forças

O bando inteligente

de Caráter permite perspectivas e *insights* distintos que devem ser incentivados e utilizados, em vez de desencorajados e punidos.

Uma equipe de alto funcionamento é como um bando inteligente, entendendo que as ações coletivas do grupo serão tão mais eficazes quanto ricas e abertas forem as redes de comunicação. O grupo se beneficia pela reunião das diferentes informações que provém das pessoas. Nossa sabedoria coletiva e o conhecimento são maiores do que aqueles que residem em alguns poucos "líderes" ou "especialistas".

A auto-organização tem sua própria inteligência inata. Estudos sobre as organizações de alta *performance* mostram que estas são caracterizadas por uma rica intercomunicação, o que demonstra que é prudente respeitar a sabedoria que reside no conhecimento compartilhado existente numa corporação. Para melhor alinhar nossas Forças de Caráter com nosso trabalho, podemos olhar para três pontos de conexão. Um ponto de conexão ou alinhamento é a missão e os valores da organização. Como você pode usar de forma mais eficaz sua Assinatura de Forças para servir a essa missão?

Um segundo ponto de conexão ou alinhamento é relativo às funções e tarefas específicas que você executa a serviço da missão da organização. Atividades em equipe são aquelas nas quais os times de sucesso tendem a se engajar mais. O Instituto VIA definiu o que eles chamam de "7 Funções da Equipe", comuns aos times, e um grupo de especialistas em negócios e psicólogos positivos delinearam a pesquisa de Forças de Caráter do VIA com essas várias funções. São ideias, coleta de informações, tomada de decisão, implementação, influência, gerenciamento de relacionamento e de energia.

E, finalmente, um terceiro ponto de conexão é encontrado por meio da aprendizagem da "dança em equipe", o ato de dar e de receber nas equipes. Apenas como exemplo, um bando de pássaros pode ter, no máximo, duas regras simples: siga seus vizinhos e não esbarre em ninguém. Equipes inteligentes também tendem a possuir apenas algumas regras simples, e conectar-se envolve descobrir quais são essas poucas regras e, então, segui-las.

Reforçando e abrindo espaço

Uma vez que você entenda que uma equipe não é sobre outras pessoas fazerem fila atrás de você ou sobre você entrar na fila atrás dos outros, o movimento e a fluidez da equipe, envolvendo dar e receber serão melhores. Existem muitas alternativas de locais onde você pode fazer seu alinhamento e conexão. Outro conceito importante é entender em que você pode contribuir ou reforçar, mas também, quando "abrir espaço" para a contribuição dos outros. Por exemplo, nas equipes que funcionam bem, todos estão envolvidos: às vezes em papéis de fala ou de liderança de uma discussão e, outras vezes, em papéis de escuta ou de elaboração de questões de sondagem.

A dança é um processo de movimentos fluidos entre dar um passo e abrir espaço. Cada equipe desenvolve uma dança em que a pessoa na liderança muda à medida que o trabalho se desenrola. Equipes de alto desempenho são caracterizadas pela contribuição de todos os participantes, com cada pessoa entendendo o que pode entregar em prol do time.

Transforme colisões em colaboração

Às vezes, a dança sai do ritmo e começamos a esbarrar uns nos outros desajeitadamente. A Força de uma pessoa pode colidir com a Força de outra pessoa. Este é o exato momento de aprendermos a não pisar nos dedos uns dos outros. Digamos que uma das minhas Forças de Assinatura é o "Amor ao Aprendizado". Eu posso assumir que todo mundo goste de aprender tanto quanto eu e engate em longas discussões *ad infinitum*. Posso não perceber que minha colega de equipe está roendo as unhas. Ela vai interferir. Sinto que ela está me cortando e ficarei ofendida. Esse mal-entendido pode ser evitado se compreendermos nossas diferenças e reconhecermos as Forças uns aos outros desde o início, desenvolvendo a conscientização sobre como podemos juntos formar um time e colaborar.

Uma vez que todas as Forças de Caráter são positivas, não precisamos nos sentir constrangidos acerca de nenhuma delas. Mas temos que aprender a apreciar a Força de Caráter um do outro[7]. É como uma deliciosa refeição em que cada um trouxe um prato: é a diversidade que a torna especial.

Ferramenta *Recupere seu Controle Remoto*

Colisões de Forças não são incomuns em ambientes de trabalho. Eu uso três etapas, que chamo de **Recupere seu controle remoto** (N.T.: *Take back your remote control Tool*© no original.) para ajudar as pessoas que desejem exercer o autocontrole sobre suas reações. Respeite cuidadosamente os três passos a seguir e retome o controle da sua vida!

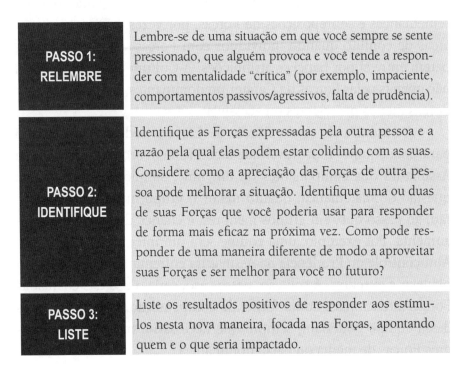

PASSO 1: RELEMBRE	Lembre-se de uma situação em que você sempre se sente pressionado, que alguém provoca e você tende a responder com mentalidade "crítica" (por exemplo, impaciente, comportamentos passivos/agressivos, falta de prudência).
PASSO 2: IDENTIFIQUE	Identifique as Forças expressadas pela outra pessoa e a razão pela qual elas podem estar colidindo com as suas. Considere como a apreciação das Forças de outra pessoa pode melhorar a situação. Identifique uma ou duas de suas Forças que você poderia usar para responder de forma mais eficaz na próxima vez. Como pode responder de uma maneira diferente de modo a aproveitar suas Forças e ser melhor para você no futuro?
PASSO 3: LISTE	Liste os resultados positivos de responder aos estímulos nesta nova maneira, focada nas Forças, apontando quem e o que seria impactado.

Take Back Your Remote Control© Authentic Strengths Advantage Coaching, 2014

Equipe de Cultura das Forças

Quanto mais os indivíduos de um time se esforçam para reconhecer as fortalezas uns dos outros, maior a probabilidade de as

Forças Autênticas

Forças influenciarem a cultura da equipe, a qual, por sua vez, afetará o tom e os sentimentos do time e sugerirá tendências de ação.

A **Cultura das Forças** de sua equipe determina quais delas são mais incentivadas e quais comportamentos serão expressos com maior entusiasmo. Por exemplo, uma equipe, cuja maioria dos componentes possua Curiosidade, demonstrará maior energia na exploração de novas ideias e possibilidades. Por outro lado, uma equipe com alto nível de Autocontrole e Perseverança ficará entusiasmada com os problemas de implementação, cumprimento de prazos e orçamento.

Uma importante fonte de coesão pode ser encontrada nas Forças que os integrantes da equipe têm em comum. No entanto, essas semelhanças e sobreposições de Forças, por vezes, podem se tornar áreas de conflito quando indivíduos com Forças semelhantes competem entre si por papéis e atribuições. A Cultura pode ser definida não apenas pelas Forças de Caráter predominantes, mas também por Forças menos prevalentes ou acessíveis.

A ausência de certas Forças de Caráter pode ser um desafio para uma equipe. É provável que algumas nem sequer apareçam na Assinatura dos componentes de um time, simplesmente por uma questão de matemática: quanto maior o grupo, mais Forças surgirão, ao passo que, em grupos menores, a chance de faltarem Forças aumenta. Por exemplo, uma equipe sem um integrante sequer com Autocontrole ou Prudência na Assinatura enfrentará dificuldades em planejar e executar. A solução, nesse caso, seria o uso das chamadas Forças Situacionais: como forma de compensação, os componentes dessa equipe poderiam, sempre que necessário, buscar em si mesmos Forças de média ou baixa dominância.

Cultura de satisfação

Uma pesquisa mostrou que um subconjunto específico de cinco Forças é relacionado com maior frequência à satisfação com a vida: Esperança, Gratidão, Entusiasmo, Amorosidade e Curiosidade[8]. Essas mesmas Forças podem ser importantes para o alcance da satisfação também no trabalho, na medida em que os membros da equipe tenham oportunidades para expressá-las no ambiente corporativo. Uma equipe que possua uma ou mais dessas Forças de satisfação entre suas Forças culturais provavelmente tem uma Cultura de engajamento e satisfação. Dado que a pesquisa revela que a positividade é contagiosa, a satisfação pode se espalhar pela equipe, porque essas Forças especiais de Caráter são mais prevalentes na Cultura da equipe.

Contribuições ímpares

A construção de uma equipe de alto desempenho pode resultar do reconhecimento e no respeito de um time pelas Forças únicas de cada componente. Enquanto um integrante, com alta dominância de Amor ao Aprendizado, pode dar um passo à frente para relatar informações e fatos e liderar uma discussão, outro colega, com Perspectiva na Assinatura de Forças, pode apresentar um resumo certeiro que leva o grupo diretamente à tomada da decisão. Dessa maneira, a liderança se torna um processo dinâmico, no qual o líder pode mudar, de acordo com o momento e com a situação.

Alinhando Forças da equipe com as funções

Como afirmei antes, toda equipe tem um conjunto de funções que executa. Aqui estão listadas sete funções de equipe projetadas para ajudar a identificar como as principais Forças de Caráter da equipe podem estar alinhadas com funções específicas. Tente descobrir possíveis ajustes perfeitos que até agora não foram reconhecidos. Individualmente, explore onde suas Forças se encaixam melhor com as sete funções da equipe e veja se, de fato, essas são as atividades que você passa a maior parte do tempo realizando no trabalho. Considere também se existem funções de equipe que se alinham bem com suas Forças, as quais você poderia, portanto, executar mais, a saber:

Forças Autênticas

7 Funções da equipe:

1. **Ideias:** A maioria dos esforços começa com a necessidade de gerar novas ideias, de inovar, o que, na verdade, desempenha um papel contínuo em todas as fases do funcionamento de uma equipe. Boas ideias são importantes, e certas Forças são adequadas a essa função, tais como Criatividade, Espírito de Equipe, Bravura, Apreciação da Beleza e Excelência, e principalmente, Curiosidade.

2. **Coleta de informações:** As equipes geralmente precisam reunir muitas informações, isto é, pesquisar e esquematizar dados sobre tópicos variados, como potenciais fornecedores, concorrência, melhores práticas, novas tendências, e assim por diante. A coleta de informações é uma das funções primárias contínuas que se beneficiam e muito de Forças, a exemplo de Amor ao Aprendizado, Perseverança e Curiosidade.

3. **Tomada de Decisão:** As equipes precisam analisar e processar informações para subsidiar a tomada de decisões. Ponderar dados e chegar a um consenso se alinha bem com as Forças de Imparcialidade, Senso Crítico e Perspectiva, assim como com um bom equilíbrio entre Bravura (ousadia) e Prudência (cuidado apropriado e bom planejamento).

4. **Implementação:** Depois que uma equipe decide sobre qual rumo tomar, chega o momento da execução. Algumas Forças podem ser úteis aqui, incluindo Liderança, Perseverança e Autocontrole.

5. **Influenciação:** Em geral, o produto do trabalho da equipe precisa ser apresentado internamente, para os pares e superiores (supervisores e administradores), bem como, externamente, para o mercado (clientes e formadores de opinião). Ao que equivale anotar que se trata de uma questão de influenciar e ser persuasivo. Forças, tais como Empatia, Entusiasmo, Integridade, Perspectiva (capacidade de ver todas as dimensões) e a Esperança podem se alinhar bem com a função de "vender" o produto final do trabalho a terceiros.

6. **Gerenciamento de Energia:** Na fase de execução do projeto, quando os planos têm que sair do papel, as equipes são ajudadas por Forças que infundem energia nas atividades. A motivação da equipe virá do perfeito alinhamento de tarefas com as Forças dos seus componentes. E certas Forças são, por si só, energizantes, tais como Entusiasmo, Esperança, Amorosidade e Bom Humor. Equipes sem energia suficiente podem entram em curto e passar por dificuldades em tempos de pressão ou em projetos de execução demorada, dado o alto nível de resistência exigido.

7. **Gestão de Relacionamento:** Uma vez que o trabalho de uma equipe é uma interação dinâmica entre pessoas e dessas com suas respectivas redes de contatos (*networkings*), Forças que facilitam relacionamentos e resolvem conflitos são extremamente importantes: Empatia, Generosidade, Imparcialidade, Curiosidade e Gratidão.

7 *Team Functions.* ©VIA Institute on Character. Todos os direitos reservados. Usado com permissão.

O Contágio positivo

Positividade gera mais positividade. De fato, pesquisas mostram que ela é contagiosa. Quando você age de forma positiva com outra pessoa, é muito provável que o favor seja retornado. Apreciar os outros cria uma espiral ascendente de positividade e leva a um desempenho superior.

Mais de 100 pesquisas realizadas globalmente revelaram que, quando as pessoas estão expostas à positividade, elas veem mais soluções em quebra-cabeças, pontuam mais em tarefas cognitivas e lembram-se de mais informações. Considere o fato de que uma enorme porcentagem da força de trabalho se sentiu ignorada por seus supervisores, gerando falta de engajamento como resultado, de acordo com o já mencionado Estudo da Força de Trabalho da *Gallup*. Então, a chave é se tornar o catalisador que coloca a espiral

Forças Autênticas

ascendente em ação. Como o Dr. Tal Ben-Shahar coloca: *"Quando você aprecia o bem, o bem agradece"*[9].

Se cada um de nós está, nesse momento, esperando para ser apreciado pelos outros, adivinhem? Nós sempre iremos esperar ser apreciados por alguém! O que precisamos fazer é quebrar essa expectativa e começar a apreciar os outros.

Estudos apontam que as equipes de trabalho mais produtivas demonstram capacidade de comunicação entre seus componentes de forma respeitosa, o que cria uma atmosfera de positividade e disponibilidade. Atingir essa atmosfera de apreciação requer uma consciência da busca por acertos, novamente, mudando a perspectiva de "fraquezas" para "fortalezas": apontando os aspectos positivos ato contínuo à ocorrência, sem deixar passar em branco, sem reconhecimento[10].

Dr. David Cooperrider está na vanguarda de novas e empolgantes pesquisas que indicam que o que você aprecia literalmente cresce. Seu trabalho no campo da Investigaçao Apreciativa está sendo usado para trazer à tona o melhor de equipes em todo o mundo. Ele define **organizações positivas** como aquelas que desenvolveram capacidade para:

1. Consistentemente, reconhecer e aplicar as Forças humanas.
2. Criar novos alinhamentos de Forças para tornar as fraquezas da instituição irrelevantes.
3. Espalhar as Virtudes, como Humanidade e Sabedoria, na sociedade e no mundo[11].

Cooperrider chama a classificação e a pesquisa do VIA de "clássica" e afirma usá-las em todo o seu trabalho executivo a fim de *"construir uma linguagem para falar sobre liderança baseada em Forças"*.

No Apêndice, no final deste livro, você encontrará a uma ferramenta útil para identificar e liberar as Forças de Cultura de um time, bem como um exercício criado para ajudar você a identificar e a repetir os sucessos de uma equipe positiva.

Detectando as Forças

Além de desenvolver a consciência sobre as Forças de Caráter, eu treino pessoas sobre como reconhecer e apreciar as Forças dos outros. Isso não apenas lhes dá uma sensação renovada sobre si mesmas, mas também sobre os indivíduos mais importantes em suas vidas profissionais e pessoais, o que, por sua vez, cria maior engajamento e satisfação para todos. Treine-se para enxergar essas pistas verbais e não verbais que se tornam aparentes quando uma pessoa está aplicando suas Forças:

Dicas verbais

- Discurso mais claro;
- Ritmo mais rápido;
- Comunicação direta;
- Vocabulário mais rico; e
- Voz mais forte.

Dicas não verbais

- Maior energia;
- Postura melhorada;
- Aumento de contato visual;
- Olhos brilhantes; e
- Aumento de animação.

A seguir estão duas notas que recebi recentemente de *coaches* que desenvolveram sua capacidade de detectar as Forças:

É bom ser reconhecido pelos outros por quem verdadeiramente somos; e quando as pessoas se dedicam para ver essas partes de nós, nos sentimos mais próximos deles e mais propensos a retornar o favor vendo o que há de melhor neles.

Edwin Boom, Holanda

Eu comecei a perceber as Forças nas pessoas o tempo todo. Na semana passada, enquanto eu pagava a taxa de uso do estacionamento, a atendente correu para me avisar que minha bolsa de trabalho estava pendurada para fora do carro. Ela tinha um senso de urgência, e você poderia dizer que ela era muito diligente no cumprimento do seu papel. Meu pensamento imediato foi o de que ela usava a Força de Assinatura da Prudência (cautela) e que meu carro sempre estaria muito seguro naquele estacionamento. Talvez se eu não fosse um detector de Forças, veria sua urgência e ações diferentemente!

Jane Wundersitz, Austrália

A apreciação é um *feedback* positivo

Pense em maneiras pelas quais você possa não apenas detectar Forças nos outros, mas também expressar apreço pelas Forças de outras pessoas no ambiente corporativo. Faça uma lista de sistemas que sua equipe ou organização pode implementar para apreciar melhor essas fortalezas.

Reconhecer as Forças dos colegas de equipe aumenta a coesão e a moral do grupo. Como a linguagem das Forças é algo novo para muitos, pode ser estranho, no início, dar *feedback* positivo genuíno a alguém. Na medida em que você se esforçar para ajudar a mudar a cultura da sua organização (se for como a maioria, a concentração é nas fraquezas, ou seja, no que está errado), considere os quatro pontos a seguir:

Linguagem: As palavras são tão importantes quanto a forma como são entregues. Você não quer parecer falso quando está tentando incentivar. Busque descrever as Forças com suas próprias palavras. Por exemplo, ao destacar a Perseverança de um colega, diga: "*Estou impressionado com a forma como você se dedicou a esse problema até encontrar uma solução*".

Especificidade: Quanto mais específico você puder ser em seus elogios, mais reconhecidas as pessoas se sentirão. Falar de generalidades soará como preguiça. Quando você é detalhado, sinaliza que prestou atenção e, de fato, apreciou os esforços da outra pessoa. Para tornar significativas as suas palavras apreciativas, dê *feedback* vinculado a comportamentos específicos: "*Você foi* tão corajoso *esta manhã quando colocou sua opinião na reunião!*".

Público x Privado: Para algumas pessoas, o reconhecimento diante de seus pares ou por um *e-mail* para um grupo pode aumentar seu significado; enquanto outros preferem que esse *feedback* seja oferecido em particular. Esteja ciente sobre qual método de entrega será mais significativo para a pessoa que você está se dirigindo.

Frequência: É variável a preferência das pessoas sobre a frequência com que desejam receber *feedback* positivo. Para alguns, recebê-lo apenas ocasionalmente é mais significativo, enquanto para outros, a preferência é a de receber *feedback* positivo frequente, ou seja, a cada semana ou mês.

Portanto, é realmente uma questão de se comunicar e entender o que funciona para cada pessoa. Algumas organizações solicitam a seus colaboradores respostas a questionários sobre preferências para receberem atos de apreciação e de reconhecimento.

Certamente não estou sugerindo que tudo em um ambiente de trabalho seja sempre positivo. Reconheço que fatos negativos acontecem no trabalho e na vida. As pessoas falham. Ficamos decepcionados e frustrados conosco mesmos e com os outros. Não devemos ignorar os problemas à medida que eles ocorrem.

Mas queremos aumentar nossa conscientização sobre a proporção entre pontos positivos e negativos em geral. Para isso, é necessário prestar atenção ao que está indo bem. Quando as pessoas colocam suas Forças de Caráter em ação, o resultado será o engajamento. Quando as pessoas estão envolvidas, elas brilham e, por sua vez, iluminam aqueles ao seu redor.

Em última análise, isso resulta no que Dr. Mayerson chama de uma **força de trabalho iluminada**, operando em altos níveis de desempenho. Uma pessoa pode ver mais Forças de seus colegas quando está iluminando o ambiente com suas próprias Forças, e sua posi-

Forças Autênticas

tividade será um guia – como um farol – que jogará luz no caminho para que outros possam ativar suas Forças de Caráter no trabalho.

> ## Dica de *Coaching*
>
> Procure maneiras pelas quais suas Forças possam contribuir para os objetivos da sua equipe. É uma mudança de perspectiva que lhe levará a novos e mais produtivos patamares.

> ## Perguntas Fortes: Equipes Positivas
>
> - Onde minhas Forças se alinham com a missão e valores da minha equipe ou organização?
> - Para quais funções da equipe minhas Forças podem ajudar a servir?
> - Quando acho mais importante tomar a frente ou recuar a fim de abrir espaço para outras pessoas?
> - Quais das minhas Forças contribuíram para os "fatores de sucesso" em uma experiência positiva da equipe no passado?
> - Como posso levar o aprendizado de uma experiência positiva da equipe no passado para o meu desafio ou minha oportunidade atual?
> - Como posso deixar mais da minha Assinatura de Forças no meu trabalho para criar minha contribuição?
> - Como posso detectar e apreciar mais as Forças dos meus colegas de trabalho?

"Aquilo que insistimos em fazer torna-se mais fácil; não que a natureza da tarefa tenha se modificado, mas a nossa capacidade de executá-la **AUMENTOU**."

Ralph Waldo Emerson

Capítulo 11
O *flow* energizado pelas Forças

> *Flow* – tipo de conhecimento ou sabedoria necessário para emancipação da consciência – não é cumulativo. Pelo menos, tanto quanto a inteligência, requer o comprometimento de emoções e vontade. Não basta saber como fazê-lo; é preciso realizá-lo consistentemente, da mesma maneira que atletas e músicos devem continuar praticando o que eles aprendem em teoria.
> Dr. Mihaly Csikszentmihalyi

A aplicação das Forças é baseada no princípio da progressão positiva ou espiral ascendente. Quando nos comprometemos a expressar nossas Forças de Caráter de maneira ideal e consistente, tornamos essa expressão ainda mais autêntica e natural. Como as citações de Emerson, na página anterior, e de Csikszentmihalyi acima, essas práticas positivas literalmente aumentam nossa capacidade de execução. Essa espiral ascendente em geral produz o que é conhecido como **Flow**.

Forças Autênticas

Nós podemos produzir um estado notável de *Flow*, com a ajuda das nossas Forças de Caráter: explorando a riqueza desse recurso natural em nós, energizando nossos objetivos com a motivação que deriva delas e aplicando-as em nossa vida cotidiana.

Mas o que é o *Flow*? É um movimento característico dos líquidos. Água flui. Quando as coisas fluem, elas estão cumprindo o intuito para o qual foram concebidas – pense em uma escola de natação para peixes. Quando o *Flow* é poderoso e proposital, você tem um ótimo nível de energia e engajamento total. A satisfação resultante experimentada nas experiências de *Flow* transborda para outras áreas da sua vida. Você aprende a prosperar.

Como é um estado de *Flow*? Pense nos movimentos dos braços de Michael Phelps nos Jogos Olímpicos de 2008. Ele estava "na zona", ou seja, em *Flow*. De fato, assistir a qualquer atleta atingir uma experiência de pico é quase tão emocionante para os espectadores como o é para o indivíduo. Isso não ocorre por acidente: requer prática, persistência, conscientização e uso ideal de nossas Forças de Caráter.

Para que as nascentes alimentem os córregos, que correm para os rios, que fluem para o mar, é necessário buscar certas condições. O fluxo precisa de uma saída ou a água ficará estagnada e morta. O rio propositadamente criou um sulco na terra ao longo do tempo, e esse canal deve estar aberto até que ele possa desaguar no domínio das grandes possibilidades.

Nas minhas atividades de *coaching*, trabalho para que as pessoas cultivem as condições ideais a fim de expressar de maneira eficaz suas Forças de Caráter e para que elas possam desfrutar de mais *Flow* em seu trabalho e na vida pessoal. Mas não se enganem, meus *coachees* fazem o trabalho pesado, o que significa que eles devem considerar e identificar cuidadosamente como, quando, com quem e em que grau eles escolhem aplicar e desenvolver suas Forças. É essa responsabilidade que constrói comprometimento. Quando eles fazem disso uma prática consistente, eventualmente criam uma segunda natureza; então, suas Forças assumem uma inteligência própria que lhes permite fluir.

Fluindo com Forças

Quando você está em *Flow*, tem mais energia e consciência. As paisagens (interna e externa) parecem mais nítidas; tudo é mais focado. Você encontra-se completamente imerso no que está fazendo: saboreando cada momento, não querendo que acabe. Pense em uma ocasião em que experimentou um **estado de fluxo**. Talvez tenha sido enquanto estava trabalhando em um projeto em que se sentiu executando seu propósito e fez uma contribuição significativa, quando se envolveu em seu esporte favorito ou quando passou um tempo significativo e de qualidade com seus entes queridos.

Tive uma discussão interessante com Mihaly Csikszentmihalyi em uma recepção noturna durante o Primeiro Congresso Mundial sobre Psicologia Positiva. Em seu livro *Flow: The Psychology of Optimal Experience* (N.T.: Publicado em português com o título *A Descoberta do Fluxo*, pela Editora Rocco.), ele identifica os seguintes critérios para identificar um estado de fluxo: envolvimento completo, sentimento de êxtase, grande clareza interior, crença de que a atividade é factível, serenidade, sensação de atemporalidade e sentimento de que a atividade tem valor intrínseco. Mihaly afirmou-me que a sensação de significado, propósito e autenticidade produzida por nossas Forças propicia o *Flow*. Pesquisas têm mostrado que as Forças de Caráter podem vir a ocupar um papel central no campo da Psicologia Positiva, e que *Flow* e outras experiências positivas são sustentadas por Forças de Caráter bem desenvolvidas[1][2].

Todos sabemos como é quando "a ficha cai" e, de repente, nós somos capazes de ver, entender e decifrar algo que anteriormente nos deixava confusos. Nossos sentidos estão envolvidos. Nós nos sentimos exaltados. Ideias acendem e explodem como fogos de artifício. Por exemplo, ouvindo meu *Coach* Interno em lugar do Crítico Interno, escolhi me matricular no Programa de Certificação em *Coaching* da Universidade Columbia nos EUA. Alguns anos depois, descobri-me ainda mais apaixonada por "ser uma contribuição" para os outros e me senti completamente energizada ao escrever este livro.

Forças Autênticas

Estar em harmonia com nossas Forças também cria uma sensação de felicidade e bem-estar[3]. O renomado psicólogo positivo Ed Diener, mencionado no início desta obra, me falou, em certa ocasião, sobre o que o deixa feliz:

> Analisar dados sempre me deixa feliz. É sério! Possivelmente eu sou uma pessoa estranha. Mas quando examino dados, quase sempre sinto que estou descobrindo algo novo. É uma atividade tranquila que me acalma, e eu posso apenas pensar e examinar o que está acontecendo no mundo através dos dados.

Diener encontrou muitos métodos produtivos para usar suas Forças. Ele aprendeu a utilizar da melhor maneira seus dons autênticos, e isso o torna mais feliz do que buscar satisfação fora de si mesmo, por exemplo, por indulgência excessiva em algum prazer sem sentido ou exagerando para provar a si mesmo e para outros, ou, ainda, fazendo tudo isso de uma só vez.

O maior *insight* que obteve ao pesquisar a respeito da felicidade foi o de que:

> A felicidade não é apenas um lugar, mas também um processo. Uma vez pensei que quando eu tivesse cumprido meu papel e conseguido a esposa certa, filhos, casa e trabalho, seria feliz para sempre. Certamente todas essas coisas ajudaram muito. Mas aprendi que a felicidade é um processo contínuo de desafios novos em folha e que, mesmo quando tudo está no seu devido lugar, é preciso escolher as atitudes e as atividades certas para continuar sendo feliz[4].

A Mecânica do *Flow*

O essencial para produzir um estado de fluxo é aprender a relaxar o suficiente para permitir sua ocorrência. No entanto, o relaxamento verdadeiro raramente é alcançado de forma passiva. Estudos revelam que estimular o nervo vago por meio de exercícios de respiração profunda (como as da *Mindfulness,* ou Atenção Plena)

O *flow* energizado pelas forças

podem melhorar a memória, o foco, e produzir uma sensação geral de bem-estar, sem falar que podem aliviar rapidamente o estresse e a ansiedade.

A **resposta de relaxamento** se dá quando o nervo vago – que flui do seu cérebro até o pescoço, peito e diafragma — ativa o sistema nervoso parassimpático durante a inalação, o nível de cortisol cai e o cérebro relaxa. Monges treinados, em estado de relaxamento, porém alertas, podem manter imagens mentais complexas, sem perda de detalhes, por horas.

Em seu *best-seller The Relaxation Response* (N.T.: A Resposta de Relaxamento, em tradução livre, ainda sem publicação no Brasil.) o cardiologista Herbert Benson, da Faculdade de Medicina da Universidade de *Harvard*, descreve como formas simplificadas de meditação produzem benefícios fisiológicos, a exemplo da redução dos ritmos do coração, metabolismo e respiração. Estudos mais recentes vincularam meditação e seus benefícios fisiológicos com foco mental mais agudo, liberdade de julgamentos negativos e maior sentimento de compaixão[5].

A pesquisa de Richard Davidson – neurocientista da Universidade de Wisconsin-Madison, que analisa imagens funcionais de ressonância magnética (RM) em monges – demonstrou a dinâmica dessa atividade cerebral: estados mentais positivos são marcados por alta atividade na área frontal esquerda, enquanto a atividade na área frontal direita coincide com estados negativos. Como eles são capazes de mudar a própria atividade cerebral frontal esquerda, os monges poderiam induzir um estado de compaixão em si mesmos, o que indivíduos não treinados nas práticas meditativas não conseguem[6].

Por que isso é tão emocionante? É a prova de que os seres humanos podem controlar sua consciência. **Não só podemos controlar nossa consciência, como também podemos remodelar nosso cérebro.** Essa é a beleza da **neuroplasticidade** discutida no Capítulo 3. Podemos optar por desenvolver conscientemente as áreas de nosso cérebro responsáveis pelas respostas positivas e, ainda, aquietarmos o fluxo sanguíneo naquelas que produzem ansiedade, estresse,

Forças Autênticas

depressão etc. Outra possibilidade é a criação de hábitos de liberação de substâncias químicas positivas, a partir da observação de todos os aspectos de nossa vida, através das lentes das Forças de Caráter: trabalho, relacionamentos e saúde podem ser transformados dessa maneira. Viver autenticamente, dando expressão às nossas Forças de Caráter, é uma maneira poderosa de induzir relaxamento e habilitar o *Flow*.

Flow e Contribuição

Quando perguntamos: *"Quais são as necessidades que vejo ao meu redor?"*, é o começo da descoberta sobre a contribuição que podemos dar, o serviço que podemos prestar. Quando esse serviço é fundamentado e desenvolvido pela parte mais autêntica de nós mesmos, ou seja, nossas Forças de Caráter, estamos em posição de deixar um legado valioso[7]. As melhores soluções ou contribuições para a sociedade, os negócios e a vida pessoal surgiram quando as pessoas aplicaram suas Forças no atendimento a uma necessidade. Para mim, minha paixão é treinar as pessoas para experimentarem vidas vibrantes, florescentes e inteiras. Adoro ajudá-las a usar suas Forças de Caráter para atingir seu mais alto nível de desempenho e satisfação em todas as áreas da vida.

De pronto, parece fácil, mas, muitas vezes, ficamos tão ocupados com o cotidiano, que nos esqueçamos pelo que somos apaixonados. Provavelmente nos desconectamos das Forças que nos encorajavam. Como trazemos a paixão e o *Flow* de volta ao dia a dia?

Gosto de perguntar aos meus clientes:

O que você sempre amou fazer? O que se parece com brincadeira para você, algo que quando você se envolve, o tempo voa e as sensações são de felicidade e inspiração? Se você fosse financeiramente independente, o que você escolheria fazer com o seu tempo? Aqui, o céu é o limite. O que está acontecendo ao seu redor, com o que se importa profundamente, no seu ambiente corporativo, na sua família, nos seus relacionamentos e na sua comunidade?

O *flow* energizado pelas forças

Responder à perguntas como essas é um passo significativo em direção à reconexão com suas Forças Autênticas e para permitir o *Flow*.

É possível que uma grande oportunidade possa se alinhar com suas Forças de Caráter, o que traz uma enorme motivação, mas seu *Coach* Interno diz que não? Sim, é possível. Tenho uma cliente de *coaching*, uma mulher muito talentosa com dois filhos pequenos. Ela decidiu renunciar a uma carreira lucrativa e sedutora que envolvia muitas viagens. Como alternativa, escolheu trabalhar durante meio período, porque queria acompanhar e contribuir totalmente para a criação e educação dos filhos. Isso não quer dizer que ela nunca mais irá perseguir a paixão e as Forças de uma carreira; significa apenas que, por enquanto, ela escolhe focar essas Forças nas paredes de sua própria casa. Essa temporada em sua vida é importante demais para ser perdida.

Fluindo em direção ao *insight*

Quando estão em um estado de *Flow*, escritores criam histórias inesquecíveis, músicos compõem canções memoráveis, artistas pintam obras de arte e cientistas estudam tudo ao seu redor. Grandes momentos na história do *insight* incluem Arquimedes gritando "Eureca!" quando viu a água do banho subir e Isaac Newton entendendo a gravidade por causa de uma maçã que caiu da árvore.

O que acontece dentro do cérebro na produção de *insights*? Jonah Lehrer escreveu sobre o que chamou de "*The Eureka Hunt*" (N.T.: Caçando a Eureca, algo como buscando o *insight*, em tradução livre.), em um artigo da revista *New Yorker*, no qual ele cita o neurocientista cognitivo Mark Jung-Beeman, da Universidade *Northwestern* que estudou o fenômeno do *insight* por muitos anos, mapeando o circuito cerebral[8]. Combinando eletroencefalograma com ressonância magnética, ele descobriu que os sujeitos, de um estudo que resolveu quebra-cabeças usando o *insight,* ativaram um subconjunto específico de áreas corticais. Primeiro, o cérebro tenta bloquear as distrações, concentrando-se no problema a ser resolvi-

Forças Autênticas

do. Então, ele procura respostas. Um *insight* geralmente vem antes que o cérebro esteja pronto para desistir, quando aumenta o ritmo gama (que é a máxima frequência elétrica por ele gerada). Nesse momento, esse órgão finalmente relaxa, abandona o problema, e a inspiração vem.

Muitos concluem que a melhor maneira de produzir um *insight* pode ser deixar a mente vagar ou tomar um banho quente (porque o relaxamento é uma fase crucial). No entanto, parece que isso funciona apenas se estiver concentrado na solução até chegar a um impasse e, pronto para desistir, você finalmente relaxa o suficiente para receber a resposta. *Insights* são um dos segredos do córtex pré--frontal sobre os quais esperamos aprender mais.

Outro momento ideal para *insights*, segundo os cientistas, é a manhã logo após acordarmos. O cérebro sonolento está relaxado, desenrolado e desorganizado, aberto a todo tipo de ideias não convencionais. O hemisfério direito também está incomumente ativo. Tente não deixar a pressa matutina estragar seus *insights* criativos. Crie um ritual na sua manhã para acordar devagar e simplesmente buscar a quietude, pensando de maneira inovadora antes de sair da cama.

Tentar criar um *insight* por meio da preocupação excessiva sobre um problema pode resultar em efeito contrário e, de fato, impedi-lo de acontecer. Em vez disso, uma abordagem holística, positiva, orientada pelas Forças parece ser capaz de produzir resultados melhores.

Pesquisas demonstraram recentemente que fazendo as pessoas se concentrarem nos detalhes de uma cena visual, ao contrário do quadro geral, pode atrapalhar significativamente o processo do *insight*. Se você trabalha em um ambiente com alto nível de demanda e de cobrança por resultados, no qual não consiga criar pausas de relaxamento para diminuir o ritmo e clarear a mente, a sua criatividade pode ser sufocada. Muitas das empresas com visão de futuro, como a *Google*, entendem isso e proporcionam atividades de relaxamento no trabalho para permitir a vazão da criatividade e do discernimento.

O *flow* energizado pelas forças

Os dados estão confirmando: as pessoas que estão de bom humor são muito melhores na solução de quebra-cabeças e no desenvolvimento de soluções criativas.

O *Flow* das Forças: Abundância Verdadeira

Em seu livro *Happiness: Unlocking the Mysteries of Psychological Wealth* (N.T.: Em tradução livre seria Felicidade: Desvendando os Mistérios da Psicologia da Abundância, ainda sem edição em português.), Ed Diener mostra como a nossa visão sobre o trabalho pode afetar nossa felicidade, nosso desempenho e, finalmente, nosso bem-estar. Baseado em extensa pesquisa, ele descreve três vetores para trabalho: podemos enxergar a atividade laboral como um **emprego**, uma **carreira** ou um **chamado**.

Quando vemos o trabalho como **emprego**, valoramos muito o lazer, somos motivados pelo dinheiro, não falamos com orgulho daquela atividade – a menos que seja necessário –, fazemos o que nos demandam e estamos ansiosos pelo final de cada turno.

Quando vemos o trabalho como uma **carreira**, podemos gostar da atividade, estamos motivados por avançar, podemos recomendar o trabalho, pensamos muito sobre férias, tomamos a iniciativa de impressionar os superiores e trabalhamos duro para possível promoção.

Por outro lado, quando vemos o trabalho como um **chamado**, gostamos do que fazemos, o que nos motiva, expressamos nossas Forças de Caráter no cotidiano, percebemos essas Forças como uma possibilidade de deixar uma contribuição significativa, recomendamos o trabalho, pensamos nele mesmo de folga, nós trabalhamos duro porque achamos o trabalho gratificante, e executá-lo bem é intrinsecamente motivante.[9][10]

Então, por que não elevamos a qualidade de nossas vidas, encontrando maneiras de utilizar nossas Forças de maneiras mais eficazes no trabalho e transformá-lo em um chamado? Podemos praticar nos colocando em um estado propício ao *Flow*: o pensamento claro e positivo que pode alimentar a criatividade.

Forças Autênticas

Práticas positivas possibilitam o *Flow*

Grandes atletas, jogadores de alto desempenho e líderes verdadeiros confiam na prática consistente para alcançar os melhores resultados. Isso também é verdadeiro para qualquer pessoa, cuja vida se baseia em expressar e apreciar regularmente as Forças de Caráter. Chamo isso de **práticas positivas**.

Toda vez que realizamos uma prática positiva, estamos expressando nosso compromisso de desenvolver e aplicar nossas Forças, ao mesmo tempo em que apreciamos as Forças dos outros que nos rodeiam. As famílias que cultivam o hábito de fazerem refeições juntas, na verdade, estão dizendo sem palavras que acreditam na necessidade de compartilharem tempo juntos. Organizações que fornecem meios regulares para expressão e valorização das Forças estão comunicando que investem nas pessoas e que desejam desenvolver seu potencial.

Longe de afastar a espontaneidade, práticas positivas fornecem um nível de conforto, continuidade e segurança que nos liberta para improvisar e assumir riscos. Pense em um atleta de sucesso acertando um passe aparentemente impossível sob pressão feroz, um cirurgião altamente treinado tomando uma decisão crítica e que contraria o senso comum, em um momento de vida ou morte durante uma delicada operação, ou um executivo resolvendo um impasse numa negociação difícil e formal, surgindo de repente com uma nova versão para um acordo.

As práticas positivas fornecem uma estrutura estável para utilização das Forças e permitem a ocorrência de avanços criativos. Elas também podem criar oportunidades para renovação de nossas Forças, seja pelo aprofundamento de relacionamentos, seja pela possibilidade de reflexão e crescimento.

Em outras palavras, podemos "treinar" para alcançar a grandeza. Tanto quanto é possível fazê-lo para fortalecer um músculo, submetendo-o ao estresse e à recuperação, podemos desenvolver nossa capacidade de ampliar e aplicar nossas Forças. Por meio da

O *flow* energizado pelas forças

sedimentação de práticas positivas que se tornam automáticas – e subsequentemente, e de maneira relativa, sem esforço – garantimos uma exibição potente dessas Forças em qualquer atividade nas quais envolvamos nossos esforços.

O **Modelo 3R's** (N.T.: *3R's© Model*, no original.) é uma prática positiva que eu regularmente uso nas sessões de *coaching* que realizo com meus clientes. No final de cada semana, eles **refletem** sobre os progressos realizados, **revelam** quaisquer informações valiosas obtidas que possam lhes ajudar mais à frente, e em consequência, **recalibram** as ações futuras. Esse processo alimenta o crescimento em espiral, razão pela qual a espiral ascendente é colocada no centro do Modelo 3R's abaixo. Os 3 R's e a espiral ascendente trabalham juntos na aplicação de nossas Forças.

Modelo 3R's© das Forças Autênticas. *Authentic Strengths Advantage*, 2014

Perguntas Fortes: Refletir, Revelar, Recalibrar

REFLETIR (sobre progresso)
- Que progresso fiz em relação aos compromissos de ação assumidos?
- Como me sinto em relação ao meu progresso?
- Se esse é um marco no desenvolvimento, como vou celebrar?

REVELAR (*insights*)
- Qual é o impacto das minhas ações? O que eu aprendi?
- Como me sinto em relação aos meus objetivos agora?
- O que me impediu de cumprir meus compromissos de ação?

RECALIBRAR (quando necessário)
- Que ações fazem sentido manter?
- Quais ações devem ser interrompidas ou alteradas?
- Quais novas ações posso considerar iniciar?
- Quais Forças posso usar ou desenvolver para ajudar a alcançar meu(s) objetivo(s)?

Viver e trabalhar em *Flow*

Sir Richard Branson nunca teve medo de desafiar as convenções. Você não deduziria isso vendo a lista de realizações e o rosto dele estampado em anúncios, já que ele é, por natureza, um pouco tímido. Branson é também disléxico, o que resultou em fraco desempenho acadêmico quando criança. Mas ele descobriu que era bom em fazer conexões com as pessoas, apesar de sua timidez.

Suas empresas tiveram altos e baixos, mas em 1992 ele vendeu a gravadora *Virgin* para a *EMI* por 1 bilhão de dólares para financiar a *Virgin Airlines*. Hoje, o grupo *Virgin* opera em cinquenta países e já faturou mais de 24 bilhões de dólares.[11]

O *flow* energizado pelas forças

Como Branson mantém tudo isso em funcionamento? Ele está em *Flow*. Ele passa tempo com sua família para recarregar. Ele pratica as habilidades necessárias para manter seu cérebro e seu corpo em um equilíbrio dinâmico. Tudo o que fazemos é baseado em um reservatório de energia facilmente esgotável. Os rituais prolongam e renovam essa energia. O descanso e o relaxamento ativos são um ritual tão importante quanto qualquer outro.

Branson não se levanta para falar a não ser que esteja inundado de ideias. Se ele estiver em uma reunião, pode se deitar no sofá e continuar fazendo **brainstorming** com seu convidado. Se ele ouve uma ótima ideia e não tem um caderno à mão, ele a anotará nas costas da mão. O que importa para ele é o livre fluxo de ideias.

Mesmo que você não seja o presidente de uma empresa, existem maneiras de promover e facilitar sua criatividade de maneira semelhante ao que Branson faz. Talvez você não possa deitar no sofá durante uma reunião, mas talvez possa fazer uma pausa e caminhar rapidamente de um lado a outro num corredor ou caminhar ao redor do edifício ou ir ao banheiro e jogar água fria sobre seu pulsos – todas essas são medidas que mudam a sensação de estar "preso/a". Talvez você não possa tirar um mês inteiro todos os anos para renovar-se, mas aproveite férias conquistadas e as licenças de saúde quando necessárias, em vez de acumular ou ignorar esses direitos, pensando que não pode se dar ao luxo de aceitá-los.

A verdade é que ninguém pode se dar ao luxo de não fazer isso. Mude sua configuração e estimule-se em diferentes ambientes que possam gerar novos pensamentos criativos. Repetindo qualquer uma das práticas positivas encontradas neste Capítulo, ou outras que descubra que funcionem, podemos fortalecer nossa capacidade de entrar e permanecer em um estado de fluxo de criatividade.

Forças do *Flow*

No modelo Forças do *Flow* da ASA (N.T.: ASA *Strengths Flow*©, no original.) detalhamos os principais elementos do *Flow*, e

Forças Autênticas

os conectamos com a pesquisa emergente sobre Forças de Caráter de maneira simplificada de tal modo que meus clientes acham fácil de entender e usar.

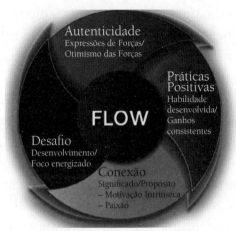

Autenticidade

- Expressões de Forças: usando as Forças de Caráter de maneira autêntica é energizante.
- Otimização de Forças: a atenção deve estar na expressão das Forças na zona "ideal", evitando os extremos, quais sejam, o uso excessivo e a subutilização.

Práticas Positivas

- Habilidade desenvolvida: invista tempo e esforço para desenvolver uma habilidade consistentemente para que se torne uma segunda natureza.
- Ganhos consistentes: práticas positivas aumentam de forma contínua a eficácia.

Conexão

- Significado/Propósito: um forte senso de chamado, serenidade e conexão com algo maior que o Eu.
- Motivação intrínseca: engajamento na atividade pela pura alegria decorrente; a compensação não é o foco.

O *flow* energizado pelas forças

- Paixão: a atividade produz um sentimento de êxtase, felicidade e atemporalidade; horas podem parecer minutos.

Desafio

- Desenvolvimento: a atividade é desafiadora, mas é possível de ser feita e não produz ansiedade.
- Foco energizado: relaxado, mas engajado, permitindo espontaneidade e criatividade.

Exercícios de Forças do *Flow*

Abaixo está um exercício que criei para meus clientes estressados, desconectados ou com áreas que precisem fluir. Eu os encorajo a praticar técnicas de respiração profunda ao usar este exercício para relaxar, aumentar o foco e permitir o *Flow*.

Inspirando: "Eu me sinto calmo."

Expirando: "Eu relaxo."

Inspirando: "Eu aprecio minhas Forças."

Expirando: "Estou centrado".

Inspirando: "Eu vejo o cenário geral".

Expirando: "Estou à vontade."

Inspirando: "Minha mente está clara".

Expirando: "Estou energizado".

> ## Dica de *Coaching*
>
> Aproveite suas Forças para permitir o Flow. Faça as perguntas de Coaching a seguir para se ajudar e a outras pessoas a obterem mais Flow nas áreas pessoal e profissional.

Forças Autênticas

Perguntas Fortes: Flow

- Quais atividades me inspiram paixão? Quais me energizam?
- Quais atividades eu temo ou evito? Quais me esgotam?
- Que Forças normalmente expresso em minhas atividades energéticas?
- Como minhas Forças beneficiam a mim e aos outros? Outros já notaram?
- Como minhas Forças podem me ajudar a fluir através de desafios, pessoal e profissionalmente?
- Que mudanças aconteceram desde que comecei a usar minhas Forças de novas maneiras?
- Que prática positiva eu poderia começar hoje para produzir resultados melhores na minha vida?

"A fama é um vapor, a popularidade, um acidente e a riqueza tem asas. Eterno mesmo somente o **CARÁTER**."

Horace Greeley

Capítulo 12
Surfando rumo a uma
performance extraordinária

"Um bom caráter carrega consigo um enorme potencial de criar algo em que se possa acreditar."

Aristóteles

"O caráter é como uma árvore e a reputação, como sua sombra. A sombra é o que pensamos dela; a árvore é a coisa real."

Abraham Lincoln

"O desenvolvimento e a expressão das Forças de Caráter são agora conhecidos por estar entre as estratégias mais importantes que temos para atingir todo o nosso potencial para uma vida positiva."

Dr. Neal H. Mayerson

Sam Bracken, o colega que mencionei anteriormente, tem a constituição física de um jogador da NFL. Atualmente, ele é o diretor global de *marketing* de uma grande Organização. Anos atrás, Sam estava sendo cotado para jogar na NFL pela *Georgia Tech University*, quando lesões destruíram sua carreira no futebol americano. Foi essa virada do destino a ironia final para Sam, que conseguira sobreviver a uma infância de abusos indizíveis? Ele havia vivido uma existência marginal morando em *trailers* e apartamentos degradados em Las Vegas.

Vítima de queimaduras aos 5 anos de idade causadas por um menino mais velho sádico, que logo se tornaria seu irmão adotivo, sem-teto às vezes, presença constante em aulas de educação especial – porque ninguém se importou em verificar se ele precisava de óculos para ler – Sam bebia e usava drogas aos 9 anos de idade[1].

213

Forças Autênticas

A sobrevivência dele sempre dependeu de sua capacidade de se concentrar naquilo que era positivo, enquanto crescia no ventre áspero e sombrio da sociedade. Uma vez que tomou a decisão e tinha idade suficiente para agir de acordo com seu desejo por criar uma vida diferente, suas notas escolares melhoraram e ele ganhou uma bolsa de estudos para estudar e jogar futebol na *Georgia Tech*.

Após um excelente primeiro ano, seu ombro foi lesionado, o que teria potencial para encerrar sua carreira. Sam curou-se por meio de um rigoroso compromisso com o autoaperfeiçoamento e, eventualmente, reconquistou sua posição no mais bem-sucedido dos times de futebol da *Georgia Tech*. Ele abriu seu próprio caminho, mas teve a ajuda de um treinador especial, que o auxiliou a desenvolver suas Forças de Caráter como uma pessoa integral, não apenas como um atleta. Agora, Sam usa suas Forças ao ensinar aos outros sobre excelência, liderança e mudança.

Sam é um exemplo de como uma criança em risco e terrivelmente abusada se tornou um líder e *coach* de si próprio, mudando seu destino passo a passo, com um pensamento de cada vez, e com a ajuda de um treinador dedicado, atencioso e gentil, que reconheceu e apreciou o melhor em Sam: suas Forças.

Construindo Forças para surfar

O trabalho de *coaching* é um pouco como ensinar a surfar. Primeiro de tudo, você e a pessoa que está sendo treinada por você (o/a *coachee*) devem se exercitar para estar em boa forma, porque, não raro, é um longo caminho a ser remado até achar as boas ondas. Mentes e corpos precisam estar atentos às condições perfeitas e aos perigos também. Em segundo lugar, vocês devem ter um ótimo equilíbrio para ficar em cima das ondulações (*swells*). Terceiro, precisam confiar que, quando se levantarem para efetivamente surfar a onda, poderão fazê-lo.

Surfando rumo a uma *performance* extraordinária

Os instrutores de surfe não apenas empurram as pessoas para as ondas e gritam "Levante-se!". Tampouco os *coaches* inteligentes direcionam as pessoas para situações desafiadoras na vida e no ambiente corporativo, enquanto gritam à margem as instruções, sem treinamento e práticas adequadas.

Quando uma pessoa é submetida a um processo de *coaching* privado, o desempenho frequentemente melhora de maneira drástica. Por exemplo, o *autocoaching* aumenta produtividade em mais de 22%; mas, quando seguido por um processo de *coaching* individual, esse número sobe para 80%, segundo artigo publicado na *Public Personnel Management*, sob o título *The Business Case of Coaching*[2].

O *coaching* para um desempenho extraordinário gira em torno de vários princípios: reconhecer que a pessoa que está sendo treinada é criativa, engenhosa e integral; concentrar-se em Forças de Caráter autênticas em lugar das fraquezas e falhas; e responsabilizar-se pelos padrões acordados.

Um ótimo processo de *coaching* não é sobre dar conselhos, compartilhar experiências, supervisão ou gerenciamento. Não se trata de "consertar" pessoas, mas de ver potencial e comunicar isso de forma eficaz. **É sobre trazer à tona o melhor em alguém e apontar as Forças de Caráter que estejam sendo subutilizadas.**

Lembre-se de que a forma pela qual uma borboleta atinge sua plenitude é lutando para sair de sua crisálida. Se você interferir no processo, acabará aleijando a borboleta, que precisa da resistência para fortalecer suas asas. *Coaches* experientes não pulam de cabeça e tentam fazer o trabalho pesado para *os coachees*. Ao contrário, eles reconhecem que o crescimento pode ser doloroso e incentivam o alongamento e o fortalecimento para o atingimento das melhores experiências e de uma vida equilibrada. Uma boa maneira de fazer isso é desenvolver intencionalmente as Forças de que precisamos para o desafio em questão. Eu incluí algumas estratégias de fortalecimento de Forças para você nas páginas a seguir.

Desenvolva suas Forças

A seguir estão algumas atividades sugeridas para dar início ao fortalecimento de qualquer uma das vinte e quatro Forças de Caráter que você deseja desenvolver. Não se sinta restrito a essa lista. Você pode criar qualquer atividade que acredite ser adequada, desde que ela permita que desenvolva a Força de sua escolha.

Curiosidade

- Faça perguntas (na aula, aos amigos, no trabalho etc.).
- Descubra novos lugares.
- Explore as prateleiras nas bibliotecas ou livrarias. Escolha um livro interessante e gaste 20 minutos folheando-o.
- Coma algo novo que você nunca teria interesse.
- Ouça um novo palestrante.

Amor ao Aprendizado

- A cada dia, descubra um novo lugar na região em que você mora.
- Leia um jornal ou revista novos.
- Faça uma pergunta numa aula, palestra ou conversa.
- Use o Google para pesquisar sobre um novo tópico que você está interessado e aprenda mais sobre isso.
- Todos os dias, leia um capítulo de um livro que não seja de leitura obrigatória para você.
- Leia uma obra literária sobre algo que você acha intrigante, mas não encontrou tempo para aprender.

Senso crítico

- Vá para um grupo ou evento multicultural.
- Faça o "advogado do diabo" e defenda um ponto de vista diferente de suas opiniões pessoais.
- Saia com alguém que é diferente de você de alguma forma.
- Vá a uma igreja ou evento religioso incomum para você.
- Todos os dias, escolha algo em que você acredita firmemente e pense em outras perspectivas possíveis.

Surfando rumo a uma *performance* extraordinária

Criatividade

- Mantenha um diário, edite uma foto ou escreva um poema.
- Envie uma peça para uma revista literária ou jornal.
- Mude a decoração de seu quarto ou a disposição dos móveis usando um *design* criativo.
- Encontre uma nova palavra todos os dias e empregue-a de forma criativa.
- Altere seu perfil nas mídias sociais diariamente.

Empatia

- Conheça uma nova pessoa a cada dia, abordando-a.
- Vá a um evento social no qual normalmente se sentiria desconfortável e tente participar.
- Sempre que conversar com alguém, tente entender como ele vê o mundo de maneira diferente de você.
- Encontre alguém sozinho e sendo amigável, inclua-o em seu grupo.

Perspectiva

- Anote uma nova citação significativa a cada dia.
- Dê conselhos a um amigo que esteja precisando de orientação.
- Pense na pessoa mais sábia que você conhece – observe algumas de suas Forças e tente incorporá-las em sua vida diária.
- Procure pessoas proeminentes na História e aprenda seus pontos de vista sobre questões importantes do seu dia e/ou encontre uma frase relevante que elas disseram.

Bravura

- Fale na aula (se você não o faz normalmente) ou apresente-se a alguém novo.
- Defenda alguém mesmo se você não concordar com ele/ela.
- Aja para solucionar um problema / situação que você tem evitado.
- Faça algum pequeno gesto diariamente que tire você da sua zona de conforto.
- Anuncie uma ideia impopular na qual você acredita.

Perseverança
- Termine um trabalho antes do tempo.

Forças Autênticas

- Observe seus pensamentos sobre como interromper uma tarefa e ignore-os – concentre-se na tarefa em mãos.
- Planeje com antecedência – use um calendário para tarefas e testes.
- Defina uma Meta S.T.R.O.N.G e cumpra-a.
- De manhã, faça uma lista de coisas que você quer que sejam feitas naquele dia que não podem ser adiadas. Certifique-se de ter concluído tudo.

Integridade

- Abstenha-se de contar mentiras pequenas para os outros, incluindo a si mesmo. Se você disser uma, admita e peça desculpas imediatamente.
- Analise seus valores e ações e veja se eles se alinham. Comprometa-se a agir quando necessário.
- No fim de cada dia, identifique algo que você fez para tentar impressionar as pessoas. Decida não repetir esse comportamento.

Entusiasmo

- Saia da sua rotina para se envolver mais nas atividades de uma organização da qual você já faz parte.
- Participe de um novo clube, equipe esportiva ou grupo.
- Faça algo porque você quer, não porque é obrigado.
- Tenha uma boa noite de sono e tome um bom café da manhã para obter maior energia durante o dia.
- Faça algo fisicamente vigoroso durante o dia.

Generosidade

- Deixe uma boa gorjeta para uma conta barata.
- Faça um ato aleatório de gentileza todos os dias. Anonimamente, se possível.
- Seja ouvinte atento para um amigo. Pergunte-lhe como foi seu dia e realmente ouça antes de falar sobre seu próprio dia.
- Envie uma mensagem gentil para um amigo diferente todos os dias durante uma semana.

Amorosidade

- Diga ao namorado / namorada / irmão / pais que você os ama.
- Envie a um ente querido uma mensagem para dizer que você estava pensando nele/nela.

Surfando rumo a uma *performance* extraordinária

- Dê aos entes queridos um abraço forte e um beijo.
- Escreva um bilhete carinhoso para que alguém que você ama encontre durante o dia. Faça isso em um novo lugar, ou para uma pessoa nova, todos os dias.
- Use a ferramenta Conexão-Cuidado-Criação para aumentar sua autocompaixão /aceitação.

Espírito de equipe

- Seja voluntário.
- Assuma responsabilidade adicional dentro de uma organização da qual você já faz parte.
- Ajude a pegar a maca que você vê no chão.
- Limpe uma parte da sua casa que é usada por todos.
- Organize um encontro para um grupo de amigos ou familiares.
- Faça sua parte em um grupo de trabalho/projeto da equipe.

Imparcialidade

- Permita que alguém fale de suas crenças, conserve a mente aberta e não julgando.
- Mantenha-se imparcial em uma discussão entre amigos, apesar de suas crenças (seja o mediador).
- Observe quando você trata alguém com base em um estereótipo ou preconceito; decida não fazer isso de novo.

Liderança

- Dê o exemplo, em vez de falar sobre seus valores. Pratique o alinhamento de suas palavras com suas ações diariamente.
- Organize um grupo de estudo, uma festa ou um projeto de equipe. Seja voluntário para liderar se for oportuno.
- Encontre algo pelo que você tenha paixão e participe de uma organização/grupo/clube relacionado a essa paixão. Esteja disposto a liderar se isso lhe for solicitado.

Autocontrole

- Separe uma quantidade designada de tempo para estudar em um lugar calmo. Siga o cronograma.

Forças Autênticas

- Exercite-se quatro dias por semana (se você ainda não o faz).
- Limpe ou organize seu quarto. Todos os dias, arrume a bagunça que você fez durante o dia.
- Decida não fofocar. Quando você sentir o desejo de falar sobre alguém que não está presente, lembre-se da sua resolução e pare antes de iniciar.
- À noite, faça uma agenda para o dia seguinte. Siga essa agenda.

Humildade

- Não fale sobre você mesmo por um dia inteiro.
- Não publique nada sobre você nas mídias sociais por uma semana. Passe esse tempo apenas comentando positivamente as postagens de outras pessoas.
- Vista-se e aja modestamente, para não atrair a atenção para si mesmo.
- Encontre algo em que alguém que você conhece seja melhor que você. Elogie-o por isso.

Prudência

- Durante uma conversa, pense duas vezes antes de dizer qualquer coisa. Reflita sobre o efeito provável de suas palavras.
- Pense no lema "É melhor prevenir do que remediar" pelo menos três vezes por dia. Tente incorporar seu significado em sua vida.
- Antes de decidir fazer algo importante, pondere sobre isso por um momento e considere se deseja viver com suas consequências 1 hora, 1 dia ou 1 ano depois.

Perdão

- Pense em uma pessoa que você achou difícil perdoar. Tente ver a situação da perspectiva dela.
- Mantenha um diário e, todas as noites, descreva alguém que o irritou ou contra quem você tem rancor. Depois, descreva por que você é resistente a perdoar essa pessoa. Em seguida, observe a situação do ponto de vista dessa pessoa e perdoe-a.
- Faça contato com alguém que magoou você no passado. Deixe-o saber que o perdoou ou apenas seja gentil com ele numa conversa.
- Quando alguém faz algo que você não entende, procure compreender suas intenções para agir assim.

Apreciação da Beleza e da Excelência

- Vá a um museu e escolha uma peça de arte ou uma exposição que tenha valor estético e toque você por causa de sua beleza.
- Dê um passeio com um amigo e comente algo bonito que você vê.
- Assista a um concerto e aproveite o som pelo seu valor musical. Ou escolha a música mais tocante que você conhece e ouça-a de forma apreciativa em fones de ouvido todas as noites. Ou peça a um amigo para recomendar a música mais bonita que ele ou ela conhece.
- Mantenha um diário e anote algo do seu dia todas as noites que lhe pareça bonito ou habilidoso.
- Encontre algo que lhe faça feliz, em estética ou valor, uma atividade física ou um objeto, e deixe-o inspirá-lo ao longo do dia.

Gratidão

- Mantenha um diário e, a cada noite, faça uma lista de três coisas pelas quais você é grato.
- Todos os dias, agradeça a alguém por algo que, de outra forma, você tomaria como certo (por exemplo, agradecendo ao zelador que limpa seus corredores).
- Mantenha um registro do número de vezes que você usa a palavra "obrigado/ obrigada" em um dia. Ao longo da primeira semana, tente dobrar o número de vezes que você o faz.
- Ligue ou envie um texto para pai/ irmão/amigo todos os dias e agradeça a ele/ela.

Esperança

- Mantenha um diário e, todas as noites, registre uma decisão tomada naquele dia que lhe tenha impactado positivamente.
- Quando está numa situação ruim, veja seu lado otimista. Você quase sempre pode encontrar algo bom numa situação, independentemente de quão horrível isso pareça naquele momento.
- Crie uma meta diária que pode ser completada naquele período. Anote seu sucesso no final de cada jornada.
- Observe a fala do seu Crítico Interno. Identifique aquelas com pensamentos positivos do seu *Coach* Interno.
- Colecione citações sobre esperança. Imprima aquelas que sejam significativas e exiba-as onde você possa visualizá-las com frequência.

Forças Autênticas

Espiritualidade

- Por cinco minutos por dia, relaxe e pense sobre o propósito da vida e onde você se encaixa.
- Reflita brevemente sobre as coisas que você pode fazer para melhorar o mundo ou a sua comunidade.
- Explore diferentes religiões. Você pode fazer isso indo a uma biblioteca, procurando na internet ou perguntando a seus amigos sobre suas religiões.
- Passe alguns minutos por dia em meditação ou em oração.
- Invista em um livro de afirmações ou citações otimistas. Leia algumas todos os dias.

Bom humor

- Todos os dias, faça alguém sorrir ou rir.
- Aprenda uma piada e conte-a para seus amigos.
- Assista na TV ou em outro tipo de veículo a algo que você ache engraçado.
- Aprenda um truque de mágica e faça-o para seus amigos.

Adaptado da Classificação de Forças de Caráter do VIA (Desenvolvimento de Forças)[3] e com os nomes das Forças de Caráter em acordo com a **Jornada do Autoconhecimento** da Caminhos Vida Integral.

A seguir transcrevo uma carta inspiradora enviada por A. Lyle, um indivíduo que aplicou as ideias de fortalecimento de Forças contidas neste Capítulo:

> O *Coaching* de Forças foi um evento que me abriu a mente. Revelou várias Forças subutilizadas que estavam me impedindo de usar de maneira completa algumas das que fazem parte da minha Assinatura de Forças.
>
> Dentre as minhas maiores Forças estão Curiosidade e Amor ao Aprendizado, enquanto uma das mais baixas no meu relatório é a Perseverança. De repente, percebi a razão pela qual estou constantemente iniciando projetos fascinantes de produção intelectual e nunca os termino. Eu abandono a velha ideia ou projeto, porque estou muito empolgado em aprender sobre um novo; e, com pouca Perseverança, é uma receita perfeita para não concluir aquilo que começo.

Surfando rumo a uma *performance* extraordinária

Na verdade, me tornei tão desanimado ao longo dos anos que eu estava a ponto de não dar início a coisa alguma, posto que partia da suposição de que não iria terminar.

Outra Força máxima é a Generosidade, a qual me leva a ser genuinamente interessado em ajudar as pessoas e desejar ser capaz de causar um impacto em suas vidas. Mas, com Empatia classificada quase por último no meu *ranking* de Forças, muitas vezes não me conecto com as pessoas da maneira que eu gostaria.

Sempre assumi que eram falhas de caráter, uma parte imutável da minha personalidade. Então, li o livro **Forças Autênticas** e percebi que meu ranking de Forças não era escrito em pedra. Tenho todas as vinte e quatro Forças e posso desenvolver minhas Forças menores! Eu posso ter negligenciado algumas delas, mas todas estão à minha disposição.

Essa ideia realmente me motivou, e decidi testá-la uma manhã. Em vez do meu habitual mau humor matinal e nenhum contato visual com a zeladora do condomínio, decidi conscientemente testar duas Forças, Curiosidade e Generosidade, para aumentar minha Empatia

. Bem, depois de vinte anos Carla e eu agora nos cumprimentamos pelo nome e, na próxima vez que ela parar a limpeza, ouvirei com interesse seu relato sobre a viagem à Disneylândia com a filha. Assim, minhas interações passarão do modo automatizado para o energizante, em virtude da conexão humana genuína.

Impulsionado por esse sucesso simples, também estou trabalhando naquele famoso **não terminar nada que começo**. A Perseverança ganhou uma tremenda importância para mim: agora me importo sobre terminar o que começo. Eu até mantenho uma lista na minha mesa de tudo que encerro. Projetos grandes e pequenos que nunca passaram da fase da boa ideia agora fazem parte da lista de realizações – tudo, desde plantar uma rosa em honra à minha mãe a publicar na *internet* discursos anteriores – e a cada coisa que eu completo retorna em mim a energia da realização em vez do fracasso da tarefa inacabada.

Garimpando a Areia

Quando a maré baixa, ela deixa coisas na praia. Algumas valem a pena guardar, mas outras deixamos para serem levadas de volta para o mar pela próxima onda. Um bom momento para fazer um inventário das nossas Forças de Caráter e refletir sobre como melhor usá-las no futuro é após enfrentarmos "uma onda gigante" que nos levou até a praia e deixou algumas coisas à vista na areia. Que Forças Autênticas nós vemos que nos impulsionam a novas alturas? Estas são as que devemos tirar da areia e guardar.

Fui *coach* de um homem que vivenciou grandes avanços na vida profissional enquanto ele examinava a praia. Ele passou a reconhecer que era tão perfeccionista que gerenciava, com excessivos controle e atenção aos detalhes, o trabalho de todos. Isso o manteve tão ocupado que ele estava afastado do foco necessário para propiciar o pensamento criativo, sua marca registrada. Aprendeu a estabelecer metas claras e, em seguida, parou de atrapalhar sua equipe. Compreendeu que não poderia responsabilizar as pessoas pelos resultados quando os métodos haviam sido milimetricamente estabelecidos por ele mesmo. O tempo ganho com isso foi enorme. A sua energia criativa pôde, então, fluir e, com isso, desenvolveu e lançou com sucesso duas novas "grandes ideias" para o seu negócio. Ele dobrou o tamanho da empresa naquele ano, algo que nunca teria feito se ficasse vigiando todo mundo de soslaio, preocupado e obcecado por eles não estarem fazendo as coisas do jeito dele.

Você não pode filtrar as evidências de sua vida, a menos que saia e caminhe pela praia regularmente. Marque uma consulta consigo mesmo para refletir sobre seus objetivos. Para fazer isso, é preciso saber o que tem no inventário: nos bolsos, na cabeça, na ponta dos dedos e depositado na areia a seus pés esperando para ser apanhado.

Remando para a onda: *Coaching* de Forças

Meu amigo Sam não fez todas as mudanças em sua vida por conta própria. Seu sábio treinador de futebol o enxergava como um jovem com grande potencial, e não apenas como atleta. O treinador não fez o trabalho para Sam. Ele lhe indicou algumas providências que ele poderia tomar por si mesmo, começando por auxiliá-lo a mapear onde estava no momento e para onde queria ir, e, então, apresentou-lhe um plano para chegar lá.

A onda que deve enfrentar pode vir do mundo externo a você, mas a capacidade de enfrentá-la vem de dentro de você: de suas Forças de Caráter Autênticas. Não há equilíbrio sem dedicação e foco e, se a sua resistência não está ativa, será difícil surfar.

É aí que entra o papel do *coach*.

Todos, de Michael Jordan ao Cardeal Richelieu, usaram um *coach* para alcançar a grandeza. Em um estudo publicado na revista *Harvard Business* chamado "*What Coaches Can Do For You*"[4] (N.T.: em tradução livre, O que os *coaches* podem fazer por você.), **lê-se que** a principal razão pela qual *coaches* executivos são contratados **é** desenvolver o alto potencial ou facilitar a transição (48%) seguido por atuar como uma caixa de ressonância (26%). Embora raramente sejam contratados para lidar com questões pessoais, setenta e seis por cento dos *coaches* dizem que ajudam os executivos na solução de problemas dessa natureza. A razão para isso é que questões pessoais com frequ**ência** surgem como os fatores que estão atrasando o desenvolvimento profissional.

O *Coaching* de Forças funciona não apenas porque ajuda você a criar práticas positivas que resultem no atingimento máximo de seus potenciais, mas porque seu *coach* rema a seu lado até a onda que você escolheu cuidadosamente. Uma vez lá, você surfa ou cai por conta própria, sabendo que será capaz de se levantar e tentar de novo. O *coach* **não é uma rede de segurança, mas carrega um colete salva-vidas, caso você precise**: o conhecimento

Forças Autênticas

sobre suas Forças de Caráter. Se você vacilar, o *coach* irá lembrá-lo de quem você é e o que pode fazer – ressignificando pensamentos sobre problemas com uma abordagem positiva. O que importa é estar em *Flow*. Surfar.

Equilíbrio na prancha: confiança

Quase todo mundo tem uma lembrança de momentos em que fez algo realmente difícil e inevitável. Ficar no topo dessa onda é a resposta – aceitar o momento pelo que ele é e confiar que você emergirá melhor para enfrentá-lo.

Como você faz isso? Usando sua mente para se concentrar no objetivo que visualizou e delimitou com antecedência; depositando sua confiança na prática ensaiada e baseando essas práticas positivas nas suas Forças de Caráter[5]. E, por fim, concentrando-se nesta única imagem: permanecer no topo da onda. Experimente, a seguir, este simples "desafio de uma semana" para criar sua capacidade de surfar a onda.

Exercício: Desafio de uma semana – Escolha e use[6]

Aqui está um exercício popular da Psicologia Positiva para usar suas Forças de Caráter de novas maneiras pelo curto período de uma semana, com medição dos resultados positivos. Estudos mostram que este exercício pode aumentar significativamente sua sensação de felicidade e bem-estar, enquanto diminui a ansiedade e a depressão. O aumento mensurável do humor que as pessoas obtêm com este exercício tende a durar cerca de seis meses![7].

1. Liste sua Assinatura de Forças.
2. Escolha uma ou duas.
3. Procure maneiras de usar essas Forças diariamente por uma semana.

Autoconfiança, como equilíbrio, pode ser construída desde o início quando você alinha suas Forças de Caráter com seus objetivos e age de acordo com elas. Gandhi disse: *"Acreditar em algo, e não o vivenciar, é desonesto*". Quando seu caráter **é sua mensagem, você inspira e**, ao mesmo tempo, atrai confiança. Tudo é muito incerto sem integridade.

Surfando a onda

"Prometa-me que não vai perder tanto tempo desafiando a água e tentando manter a cabeça acima das ondas que se esquecerá do quanto sempre gostou de nadar."

Tyler Knott Gregson

Surfar uma onda assusta muitas pessoas. Perceber a Natureza agindo na forma de uma parede de água com poder de derrubar você **é equivalente a enfrentar** um **ponto de crise**: seja uma parede d'água, o risco de ser demitido por baixa produtividade, o sentimento de que perdeu o respeito e a autoridade em sua família, ou até mesmo a necessidade de passar por um processo de quimioterapia.

Mas e se você pudesse acolher essa onda e aprendesse a surfá-la plenamente? Além do medo remanesce o **êxtase de enfrentar** um desafio capaz de transformar você no *Big Kahuna*. (N.T.: O Grande *Kahuna* **é** o melhor surfista da praia.)

Grandes ondas e outros desafios devem ser dimensionados e respeitados pelo poder que trazem consigo. Você quer estar preparado para o desafio em todas as dimensões: no corpo, na mente, no coração e no espírito. E, às vezes, você precisa se afastar. As condições daquele momento podem **não permitir** o surfe.

Mas, **se você explorou, intensificou e aplicou suas Forças de Caráter, então aprendeu a se concentrar nas fortalezas em lugar das fraquezas**. Agora pode ver os obstáculos como oportunidades – pode aproveitar os ventos da adversidade para lançar-se rumo ao destino desejado. A cada novo desafio, **é possível** aprender, crescer e progredir.

Uma amiga teve uma oportunidade inesperada de ir para a Ilha de São Martinho, no Caribe, para um fim de semana com o filho de

Forças Autênticas

21 anos. Ele era pai solteiro que tinha a guarda compartilhada da filha. Minha amiga ajudava o filho nessa tarefa acolhendo a ambos, o filho e a neta, na casa dela.

Mãe e filho saíram para um *tour* em grupo nas ondas em uma manhã, ambos no mesmo *jet ski*. O mar caribenho estava transparente e calmo. Quando contornaram um penhasco, as águas ficaram agitadas, depois violentas. Ondas atingiam minha amiga na face como tapas. Sentada na parte de trás do *jet ski*, com os braços apertados ao redor da cintura do filho, ela testemunhou as ondas ficarem cada vez mais altas. Eles subiam até a crista e depois caíam, batendo forte na **água. Logo em seguida, vinha a próxima onda antes que ela pudesse recuperar o fôlego. Enquanto seu filho lutava com** o *jet ski* de crista em crista, ele virava a cabeça e gritava com ela.

Por causa da turbulência, eles se afastaram muito da costa e se separaram do grupo, mas finalmente a praia apareceu quando fizeram uma curva. As ondas diminuíram e a mãe, esgotada, mas agradecida pela destreza demonstrada pelo filho na direção, finalmente ouviu o que ele tanto gritara aquele tempo todo: "*Mãe, isso não é lindo?*". Ouvindo suas palavras, ela percebeu algo importante.

Durante a infância do filho, as ondas em seu próprio caminho haviam sido grandes: naquela época, era ele quem estava na garupa dela enquanto cavalgavam de onda em onda. Naqueles tempos difíceis, ela fez o possível para incentivá-**lo a** aplicar suas próprias Forças de Caráter e a enxergar a beleza do passeio.

Olhando para trás, ela percebeu que, embora a experiência com o *jet ski* **não tivesse** sido o passeio de sua vida, ela esteve em boas mãos. O filho dela estava à altura para a tarefa. Ele tinha tanta capacidade de surfar aquelas ondas difíceis quanto de criar sua filha de forma não convencional, "quase perfeita". Ele se tornou um pai extraordinário, um bom aluno e um trabalhador responsável. Assim como estava orgulhosa da maneira com que ele lidou com o *jet ski* **tão habilmente em águas traiçoeiras, estava satisfeita com a forma com que o filho estava** usando suas Forças Autênticas para surfar as ondas da sua vida até a praia.

Capítulo 13
Apêndice

Ranking das Forças de Caráter do Instituto VIA

Os gráficos a seguir mostram as Forças de Caráter ordenadas pela pontuação bruta média:

5 - "Muito parecido comigo"
4 - "Igual a mim"
3 - "Indiferente"
2 - "Ao contrário de mim"
1 - "Muito diferente de mim"

Estes são exemplos de gráficos fictícios para fornecer uma visão geral da aparência do material produzido pelo Instituto VIA.

Forças Autênticas

Ilustração 1
Ranking das Forças

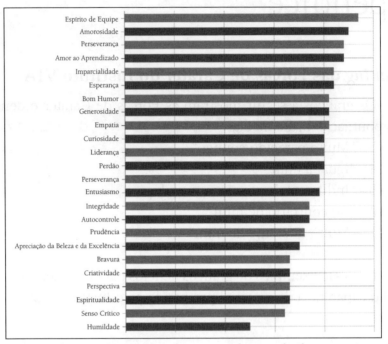

Fonte: Instituto VIA de Caráter, 2019. Todos os direitos reservados. Reproduzido com autorização. Os nomes das Forças de Caráter seguem a tradução da ferramenta **Jornada do Autoconhecimento**, da Caminhos Vida Integral.

Apêndice

Ilustração 2

Gráfico de Equilíbrio de Dois Fatores (presente no relatório do Questionário Pro do Instituto VIA):

Este relatório oferece outra visão das Forças de Caráter. Estudos científicos descobriram que as 24 Forças de Caráter mapeadas pelo VIA se agrupam de maneiras particulares. Uma forma de conceituá--las é por meio de duas dimensões principais. Uma dimensão é **Coração-Mente**, que descreve o grau em que uma determinada Força de Caráter se baseia em atividades mentais (por exemplo, pensamento, lógica, análise) ou em assuntos do coração (por exemplo, sentimentos, intuições). As Forças de Caráter mais próximas da esquerda são os pontos mais altos da mente (por exemplo, Imparcialidade e Prudência), enquanto as mais próximas à direita são os pontos mais altos do coração (por exemplo, Gratidão, Amorosidade).

A outra dimensão é o *Continuum* **Intrapessoal-Interpessoal**, que descreve o grau em que um traço de caráter concentra a atenção em si mesmo ou nos outros. As Forças Intrapessoais geralmente exigem apenas a autoexpressão para ocorrer (por exemplo, Criatividade), enquanto que as Forças Interpessoais demandam a relação com outras pessoas para que se manifestem (por exemplo, Espírito de Equipe).

Pontos importantes a serem lembrados sobre este gráfico:

- Os pontos estão exatamente na mesma posição para todos, uma vez que este é um resultado de descobertas científicas.
- As Forças de Caráter dominantes no indivíduo são mostradas em vermelho. Não existe um perfil "ideal" no qual haja Forças constantes.
- Os círculos são formas de orientar visualmente para o gráfico.
- Não existe um perfil "ideal" no qual haja Forças constantes da Assinatura em cada quadrante ou todas em um quadrante.

Forças Autênticas

- Duas Forças juntas no gráfico têm maior probabilidade de ocorrer de forma confortavelmente simultânea, enquanto Forças distantes uma da outra têm maior chance de se compensarem uma à outra, ou seja, é improvável demonstrar habilmente ambas Forças ao mesmo tempo.

Perguntas para explorar este gráfico:

- Como o gráfico pode auxiliar esse indivíduo a pensar no equilíbrio da expressão das Forças de Caráter em sua vida?
- Ainda de acordo com o gráfico, esse indivíduo aborda a vida mais a partir da perspectiva do "coração" ou da "mente"?
- Como as Forças podem ser voltadas para dentro de si mesmos, por exemplo, para praticar mais Generosidade ou Perdão?

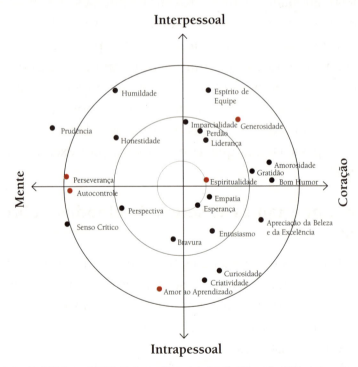

Fonte: Instituto VIA de Caráter, 2019. Todos os direitos reservados. Reproduzido com autorização. Os nomes das Forças de Caráter seguem a tradução da ferramenta **Jornada do Autoconhecimento**, da Caminhos Vida Integral.

Apêndice

Forças de Cultura

A seguir estão algumas dicas para identificar e fazer vir à luz as Forças de Cultura de uma equipe:

- Quais Forças definem melhor a cultura da equipe?
- Como a cultura da equipe se compara com a cultura geral da organização? São as duas culturas compatíveis ou estão em desacordo uma com a outra?
- De que maneira a cultura da equipe afeta o funcionamento dessa?
- Como a cultura da equipe afeta o desempenho e os sentimentos de cada pessoa sobre o grupo? Eles se sentem mais encorajados e incluídos ou desencorajados e excluídos?
- Quando trabalhar na definição de Missão, Visão ou Valores de sua equipe, garanta que todos os integrantes dessa tenham, pelo menos, uma de suas Forças refletidas no conteúdo criado.

Equipe Positiva

Pense em um momento em que você teve uma experiência com uma **equipe positiva**: quando todos da equipe estavam engajados e alcançaram uma meta que era significativa.

- Quais foram os fatores de sucesso?
- Descreva o ambiente de trabalho.
- Quais eram as dinâmicas interpessoais: Forças, papéis, personalidades?
- Havia clareza de propósito? Descrever.
- As Forças foram apreciadas e incentivadas?

Agradecimentos

É com sinceros agradecimentos que reconheço as muitas pessoas que ajudaram este livro a se tornar uma realidade. Sou profundamente grata ao meu marido Rob e a meus filhos Kaden e Sage por seu amor incondicional e encorajamento. As palavras não podem expressar o quanto eu os adoro, e meu coração está cheio da alegria que eles trazem para minha vida diariamente.

Aos meus pais, Tibério e Isabel Silveira, pela coragem, perseverança que demonstraram quando confrontados com desafios incomuns. Eles abandonaram seu país natal a fim de oferecer oportunidades e uma vida melhor para a nossa família. Eu os amo profundamente e sempre serei humildemente grata por sua contribuição altruísta.

Aos meus irmãos a quem amo tremendamente e com quem me divirto tanto: Phyllis Camboia, Joe Silveira, Isabel Pierce e Laurette Eslinger. Vocês sempre me incentivaram e me apoiaram. Nós temos nos consolado pelas dificuldades da vida, e sou grata pelo belo vínculo que compartilhamos.

Ao Dr. Neal H. Mayerson e Donna Mayerson, cujo serviço à causa da educação pelas Forças está ajudando a construir um mundo melhor. Eu agradeço fortemente a dedicação de ambos **à missão do Instituto VIA.** E também ao Dr. Ryan Niemiec, Breta Cooper e Kelly Alluise, do mesmo Instituto VIA, que trabalham de maneira diligente para espalhar a poderosa mensagem das Forças de Caráter para o mundo.

Para o Dr. Martin E.P. Seligman, cujo trabalho inovador no campo de Psicologia Positiva e mensagem de esperança para o mundo me inspiraram a escrever este livro.

Aos meus amigos e colegas, David Covey e Stephan Mardyks, cujos trabalhos significativos no SMCOV, ajudando os provedores de conteúdo a compartilhar conteúdos relevantes, estão aumentando o

Forças Autênticas

engajamento e melhorando a forma pela qual as pessoas fazem negócios em todo o mundo.

Ao Programa de Certificação de *Coaching* da *Columbia University* e ao meu amigo e colega Dr. Terry Maltbia, o qual continua a me inspirar em direção à excelência em *coaching*. Sua brilhante liderança de pensamento, orientação e as contribuições para o campo do *coaching* executivo têm sido inestimáveis.

À Tiffany Yoast, minha amiga e colega incrivelmente talentosa e inteligente que me ajudou durante as inúmeras horas que discuti novas ferramentas e teorias com ela. Seu belo trabalho no *design* de livros **é muito** apreciado, e, mais do que isso, sua colaboração e ideias foram inestimáveis.

A Echo Garrett, meu amigo e colega, cujo belo e artístico estilo de escrita ajudou a transformar o conteúdo desse livro em algo instigante e com agradável leitura.

À Liz Patterson, minha amiga e colega com quem discuto princípios do *coaching* baseados em Psicologia Positiva e sua aplicação. Suas dicas de *coaching* e conselhos sábios são muito apreciados.

Sinto-me humilde perante muitos amigos e colegas que me apoiaram com a leitura do manuscrito e forneceram seus úteis *feedback* e sugestões de *design*, nomeadamente: Tiffany Yoast, David Covey, Stephan Mardyks, Dr. Neal Mayerson, Dr. Ryan Neimiec, Ally Lyle, Ann Larsen, Isabel Silveira, Jeanne Elliott, Kristen Walton, Liz Patterson, Jane Wundersitz, Judy Bell, Trish Barrus, J. Goodman Farr, Lisa Lambert, Lisa Cook, Morgan Pitcher, Dra. Felicia English e Heather Moon.

Notas e referências

Introdução

1. Towers Watson. "*Global Workforce Study*." Boston: Towers Watson, 2012. Sem tradução no Brasil.

2. Sorenson, Susan. "*How Employees' Strengths Make Your Company Stronger*" Gallup Business Journal, último acesso em 20.2.2014 (http://www.gallup.com/businessjournal/167462/employees-strengths-company-stronger.aspx. Sem tradução no Brasil.

3. *International Coach Federation*. 2014 *ICF Global Consumer Awareness Study*. Harrodsburg, KY: ICF, 2014. Sem tradução no Brasil.

Parte 1

Capítulo 1: Silencie o Crítico, descubra o *Coach*

1. Tradução feita da frase coletada pela autora em https://www.brainyquote.com/quotes/vincent_van_gogh_104644. Acessado em 21.4.2020.

2. Allmendinger, Jutta, J. Richard Hackman, and Erin V. Lehman. "*Life and Work in Symphony Orchestras*," The Music Quarterly 80, nº. 2 (1996): 194-219.

3. Frankl, Viktor. "Em busca de sentido." Petrópolis: Editora Vozes, 2007.

4. Grant, A. M. (2003). *The impact of coaching on goal attainment, meta-cognition, and mental health. Social Behavior and Personality*, 31, 253-263.

5. Green, L. S., Oades, L. G., & Grant, A. M. (2006). *Journal of Positive Psychology, 1*(3), 142-149. Sem tradução no Brasil.

6. Grant, A. M., and S. A. O'Connor. "*The Differential Effects of Solution-Focused and Problem-Focused Coaching Questions: a Pi-*

lot Study with Implications for Practice." Industrial and Commercial Training, 42 (2010): 102-111.

7. Peterson, C. & Seligman, M.E.P. (2004) *Character Strengths and Virtues: A handbook and classification*. Washington, DC: American Psychological Association Press and Oxford University Press.

Capítulo 2: Movendo o Foco das Fraquezas para as Fortalezas

1. Seligman, Martin. *Felicidade autêntica: Use a psicologia positiva para alcançar todo seu potencial*. Rio de Janeiro: Editora Objetiva, 2019; Florescer: uma nova compreensão da felicidade e do bem-estar. Rio de Janeiro: Editora Objetiva, 2011.

2. Peterson, C. & Seligman, M.E.P. (2004) *Character Strengths and Virtues: A handbook and classification*. Washington, DC: American Psychological Association Press and Oxford University Press.

3. Seligman, M., Steen, T., Park, N., & Peterson, C. (2005). Positive Psychology Progress: Empirical validation of interventions. American Psychologist, 60, 410-421.

4. Instituto VIA do Caráter. "Character Strengths and Virtues: A Handbook and Classification" Via Character. Acessado em 08.06.2015. http://www. viacharacter.org/www/About-Institute/Character-Strengths-and-Virtues. No *site* do VIA é possível alterar o idioma e acessar esse conteúdo em Português.

5. Kauffman, Carol. "Positive Psychology: The Science at the Heart of Coaching." *Evidence Based Coaching Handbook: Putting Best Practices to Work for Your Clients*, edited by D. R. Stober & A. M. Grant 219-253. Hoboken, NJ: John Wiley, 2006.

6. *Too Much of a Good Thing: The Challenge and Opportunity of the Inverted U*. Adam M. Grant and Barry Schwartz *Perspectives on Psychological Science* 2011 6: 61 DOI: 10.1177/1745691 610393523.

7. Biswas-Diener, R., Kashdan, T.B., & Minhas, G. (2011). *A dynamic approach to psychological strength development and intervention, The Journal of Positive Psychology*, 6 (2), 106-118.

Notas e referências

8. P. Zeus and S. Skiffington's (2003) *The Coaching at Work Toolkit*, pp. 285–288); N. M. Tichy's (2002) *The Cycle of Leadership: How Great Leaders Teach Their Companies to Win* (pp. 107–110); and Tichy's (1997) *The Leadership Engine: How Winning Companies Build Leaders at Every Level* (pp. 58-78; 214-218).

9. Clark, M. C. "Off the Beaten Path: Some Creative Approaches to Adult Learning." *New Directions for Adult and Continuing Education* 89 (Spring 2001): 83-91.

10. Dominice, Pierre. *Learning from Our Lives: Using Educational Biographies with Adults*. San Francisco: Jossey-Bass, 2000.

Capítulo 3: A Neurociência do otimismo

1. Davidson, Richard. "Be Happy Like a Monk." Presentation at Wisconsin Academy, Columbus WI, February 13, 2007.

2. Seligman, M. E. P. *Aprenda a ser otimista: como mudar sua mente e sua vida*. Rio de Janeiro: Editora Objetiva, 2019.

3. Peterson, C. & Seligman, M.E.P. (2004) *Character Strengths and Virtues: A handbook and classification*. Washington, DC: American Psychological Association Press and Oxford University Press; Seligman, M.E.P. (2014). Chris Peterson's unfinished masterwork: The real mental illnesses. The Journal of Positive Psychology. Doi: 10.1080/1743 9760.2014.888582.

4. World Health Organization. "Some Common disorders" The World Health Report. 2001. Accessed Jun 8, 2015. http://www.who.int/ whr/2001/chapter2/en/index4.html.

5. Holt-Lunstad, Julianne, Timothy B Smith, and J Bradley Layton. "Social Relationships and Mortality Risk: A meta-analytic Review." *PLoS Medicine* 7, n°. 7 (2010). DOI: 10.1371/journal.pmed.1000316.

6. Seligman, Martin. Third World Presentation Congress on Positive Psychology. 2013 International Positive Psychology Association.

7. Williams, R. *Anger Kills: Seventeen Strategies for Controlling the Hostility That Can Harm Your Health*. New York: Harper Torch

Forças Autênticas

1998; Rosenbert, E.L., P. Ekman, *et al.* (2001), "Linkages between facial expressions of anger and transient myocardial ischemia in men with coronary artery disease", *Emotion* 1:107:15.

8. Wegner, Daniel M., David J. Scheider, Samuel R. Carter, and Teri L. White. "Paradoxical Effects of Thought Suppression." *Journal of Personality and Social Psychology* 53, nº. 1, (1987): 5-13.

9. Wenzlaff, Richard M., and Daniel M. Wegner. "Thought Suppression." *Annu. Rev. Psychology* 51 (2000): 59-91.

10. Taylor, Shelley E., and Lien B. Pham. *"The Effect of Mental Simulation on Goal-Directed Performance." Imagination, Cognition and Personality* 18, nº. 4 (1999): 253-268.

11. Jenkinson, Caroline E., Andy P. Dickens, Kerry Jones, Jo Thompson-Coon, Rod S. Taylor, Morwenna Rogers, Clare L. Bambra, Iain Lang, and Suzanne H. Richards. "Is Volunteering a Public Health Intervention? A Systematic Review and Meta Analysis of the Health and Survival of Volunteers." *BMC Public Health* 13, nº. 773 (2013): doi:10.1186/1471-2458-13-773.

12. Fredickson, Barbara L. "Flourishing and the Genome" Presentation at Third World Congress on Positive Psychology, Los Angeles, CA 2013.

13. Lawson, Misa. "The Science Behind EBT." Misa Lawson EBT Coach. Accessed Jun 8 2015. http://www.misalawson.com/ the--science-behind-ebt/.

14. Ed Diener. Interview. July 9, 2009.

Capítulo 4: *Coaching* **Integral**

1. https://www.verywellmind.com/global-smoking-statistics--for-2002-2824393 https://www.emedicinehealth.com/what_are_ the_health_risks_of_smoking_vs_obesity/article_em.htm

2. World Health Organization. "Mental Health in the Workplace." May 2019. Acessado em 30.8.2019. https://www.who.int/mental_health/in_the_workplace/en/

240

Notas e referências

3. World Health Organization. "Mental Health in the Workplace." May 2019. Acessado em 30.8.2019. https://www.who.int/mental_health/in_the_workplace/en/

4. "The Top Mental Health Challenges Facing Students." Best Colleges. Acessado em 30.8.2019. https://www.bestcolleges.com/resources/top-5-mental-health-problems-facing-college-students/

5. "Major Depression Facts: Understanding Clinical (Major) Depression Today." Uncommon Knowledge. Acessado em 8.6.2015. http:// www.clinical-depression.co.uk/dlp/depression-information/major-depression-facts/.

6. World Health Organization. "Some Common disorders" The World Health Report. 2001. Acessado em 8.6.2015. http://www. who. int/ whr/2001/chapter2/en/index4.html.

7. Proyer, R. T., F. Gander, S. Wellenzohn, and W. Ruch "What Good Are Character Strengths Beyond Subjective Well-Being? The Contribution of the Good Character on Self-Reported Health Oriented Behavior, Physical Fitness, and the Subjective Health Status." *The Journal of Positive Psychology* 8 (2013): 222-232.

8. Leontopoulou, Sophie and Sofia Triliva. "Explorations of Subjective Well-being and Character Strengths Among a Greek University Student Sample." *International Journal of Well-being* 2, nº. 3 (2012): 251-270.

9. Proctor, C., J. Maltby, and P. A. Linley. "Strengths Use as a Predictor of Well-Being and Health-Related Quality of Life." *Journal of Happiness Studies* 10 (2009): 583-630.

10. Hyman, Mark. *Ultrametabolismo*. Rio de Janeiro: Sextante, 2007.

11. Peterson, C. & Seligman, M.E.P. (2004) *Character Strengths and Virtues: A handbook and classification.* Washington, DC: American Psychological Association Press and Oxford University Press.

12. Steptoe, Andrew, Katie O'Donnell, Ellena Badrick, Meena Kumari, and Michael Marmot. "Neuroendocrine and Inflammatory Factors Associated with Positive Affect in Healthy Men and Women." *American Journal of Epidemiology* 167, nº. 1 (2008): 96-102.

Forças Autênticas

13. Cohen, S., Janicki-Deverts, D., Crittenden, C. & Sneed, R. "Personality and Human Immunity." *Oxford Handbook of Psychoneuroimmunology*. New York: Oxford University Press 2012. 146-169.

14. Hyman, Mark. *Ultrametabolismo*. Rio de Janeiro: Sextante, 2007.

15. Helmrich, Barbara H. "Window of Opportunity? Adolescence, Music and Algebra." *Journal of Adolescent Research* 25, nº. 4 (2010): 557-577.

16. Dignity Health "The Healing Power of Kindness" Dignity Health. Acessado em 8.6.2015. http://www.dignityhealth.org/cm/content/ pages/healing-power-of-kindness.asp.

17. Ryan, Richard M., Netta Weinstein, Jessy Bernstein, Kirk Warren Brown, Louis Mistretta, and Marylene Gagne. "Vitalizing Effects of Being Outdoors and in Nature." *Journal of Environmental Psychology* 30 (2010): 159-168.

18. Coutu, Diane and Carole Kauffman. "What Can Coaches Do for You?" Harvard Business Review, January 2009. https:// hbr. org/2009/01/what-can-coaches-do-for-you.

19. Kimsey-House, Henry. Co-Active Coaching: Changing Business, Transforming Lives. Boston: Nicholas Brealy, 2011.

Parte 2

Capítulo 5: Motivação Autêntica

1. Fry, Maddy. "Bono Biography" @U2. Acessado em 8.6.2015. http://www.atu2.com/band/bono/.

2. Gilbert, Paul and Liotti Giovanni. "Mentalizing, Motivation, and Social Mentalities: Theoretical Considerations and Implications for Psychotherapy." *Psychology and Psychotherapy: Theory, Research, and Practice* 84 (2011): 9-25.

3. Statistic Brain Research Institute "New Year's Resolution" Statistic Brain Research Institute. Última alteração, de 26.1.2015. http:// www.statisticbrain.com/new-years-resolution-statistics/.

4. Baumeister, Roy F, and John Tierney. *Força de Vontade: a redescoberta do poder humano*. São Paulo: Larousse, 2012.

Notas e referências

5. Gallup "Gallup Created the Science of Strengths" Gallup Strengths Center. Accessed Jun 8, 2015. https://www.gallupstrengths center. com/Home/en-US/About/.

6. Mandela, Nelson "Discurso de Posse" Pretoria, África do Sul, 10.4.1994.

7. Peterson, C. & Seligman, M.E.P. (2004) *Character Strengths and Virtues: A handbook and classification.* Washington, DC: American Psychological Association Press and Oxford University Press.

8. Mitchell, Edgar. *In the Shadow of the Moon.* Directed by David Sington. New York City, NY: Velocity Thinkfilm, 2008. DVD.

Capítulo 6: Comparanoia

1. "Consumer Debt Statistics." Money Zine. Acessado em 8.6.2015. http://www.money-zine.com/financial-planning/debt consolidation/ consumer-debt-statistics/.

2. Board of Governers Federal Reserve System. *Report on the Economic Well-Being of U.S. Households in 2013.* Washington DC: Federal Reserve, 2014.

3. Peterson, Christopher, and Martin Seligman. Character Strengths and Virtues: A Handbook and Classification. Washington DC: American Psychological Association, 2004. Sem tradução no Brasil.

Capítulo 7: Ressignificando o Erro

1. Zone, Eric. "Without Failure, Jordan Would Be a False Idol." Chicago Tribune May 19, 1997. http://articles.chicago tribune. com/1997-05-19/ news/9705190096_1_nike-mere-rumor-driver-s--license.

2. "Thomas Edison" Wikiquote. Última alteração em 29.5.2015. http:// en.wikiquote.org/wiki/Thomas_Edison.

3. Covey, Stephen M.R. *A Velocidade da Confiança.* Rio de Janeiro: Alta Books, 2017.

4. Seligman, Martin. "Building Resilience" *Harvard Business Review*, April 2011. *https://hbr.org/2011/04/building-resilience.*

Forças Autênticas

5. *Peterson, Christopher, Nansook Park, Nnamdi Pole, Wendy D'Andrea, Martin E. P. Seligman. "Strengths of Character and Posttraumatic Growth." Journal of Traumatic Stress 21, n°. 2 (2008): 214-217; Tedeschi, R.G. and L. G. Calhoun. Trauma and Transformation: Growing in the Aftermath of* Suffering. Thousand Oaks CA: Sage 1995. Sem tradução no Brasil.

6. Peterson, Christopher, Nansook Park, Nnamdi Pole, Wendy D'Andrea, Martin E. P. Seligman. "Strengths of Character and Posttraumatic Growth." Journal of Traumatic Stress 21, n°. 2 (2008): 214-217; Tedeschi, R.G. and L. G. Calhoun. Trauma and Transformation: Growing in the Aftermath of Suffering. Thousand Oaks CA: Sage 1995. Sem tradução no Brasil.

Capítulo 8: Emoções Conscientes

1. Niemiec, Ryan M. *Intervenções com Forças de Caráter.* Goiânia: Editora Vida Integral, 2018.

2. Young, Shinzen. "Break Through Pain: Practical Steps for Transforming Physical Pain into Spiritual Growth." Shinzen.org. Acessado em 8.6.2015. http://www.shinzen. org/Articles/artPain. htm.

3. "Sallatha Sutta: The Arrow" (SN 36.6). Translataed from the Pali by Thanissaro Bhikkhu. Insight (Legacy Edition) 30.11.2013.

4. Neff, K. D., and C. K Germer. "Pilot Study and Randomized Controlled Trial of the Mindful Self-Compassion Program." *Journal of Clinical Psychology* 69, n°. 1 (2013): 28-44.

5. Neff, K. D. "Development and Validation of a Scale to Measure Self-Compassion." *Self and Identity* 2 (2003): 223-250.

6. Fredrickson, Barbara L., R. A. Mancuso, C. Branigan, and M. M. Tugade. "The Undoing Effect of Positive Emotions." Motiv Emot. 24 n°. 4 (2000):237-258. Sem tradução no Brasil.

7. Fredrickson, Barbara L., and R. W. Levenson. "Positive Emotions Speed Recovery from the Cardiovascular Sequelae of Negative Emotions." *Cognitive Emotions* 12, n°. 2 (1998): 191-220.

Notas e referências

8. Peterson, C. & Seligman, M.E.P. (2004) Character Strengths and Virtues: A handbook and classification. Washington, DC: American Psychological Association Press and Oxford University Press. Sem tradução no Brasil.

9. Del Monte, Luciano. "Amazing Grace in Mother Teresa" Cross-Training for Life. Acessado em 8.6.2015. http://coach delmonte.com/2011/03/21/mother-teresas-grace/.

Parte 3

Capítulo 9: Inteligência Emocional como Combustível das Forças de Caráter

1. Goleman, Daniel. *Inteligência Emocional*. Rio de Janeiro: Editora Objetiva, 1996.

2. Fredrickson, Barbara L. Positivity: Top-Notch Research Reveals The Upward Spiral that Will Change Your Life. Edinburgh: Harmony, 2009. Sem tradução no Brasil.

3. Peterson, C. & Seligman, M.E.P. (2004) Character Strengths and Virtues: A handbook and classification. Washington, DC: American Psychological Association Press and Oxford University Press. Sem tradução no Brasil.

4. Pope, Alexander. "Thoughts on Various Subjects" Alexander Pope. Dublin: Sylvanus Pepyat, 1737. Sem tradução no Brasil.

Capítulo 10: O Bando Inteligente

1. *Harvard Business Review* "The Value of Happiness": "How Employee Well-being Drives Profit" Jan-Feb 2012. https://hbr.org/2012/.

2. Killingworth, Matt "The Science Behind a Smile" *Harvard Business Review*. April 2012. https://hbr.org/2012/01/the-science-behind-the-smile.

3. Harzer, C., & Ruch, W. (2013) The application of signature character strengths and positive experiences at work, Journal of Happiness Studies, 14(3), 965-983.

245

Forças Autênticas

4. Gander, F., Proyer, R. T., Ruch, W., & Wyss, T. (2012). The Good Character at Work: An initial study on the contribution of character strengths in identifying healthy and unhealthy work-related behavior and experience patterns. *International Archives of Occupational and Environmental Health,* 85 (8), 895-904.

5. "Albert Schweitzer-Biographical" Nobel Foundation. Acessado em 8.6.2015. http://www.nobelprize.org/nobel_prizes/peace/laureates/1952/schweitzer-bio.html.

6. VIA Institute on Character. "Character Strengths and Virtues: A Handbook and Classification" Via Character. Acessado em 8.6.2015. http://www.viacharacter.org/www/About-Institute/ Character- Strengths-and-Virtues. No *site* é possível alterar o idioma e ter acesso a esse conteúdo em Português.

7. Peterson, C. & Seligman, M.E.P. (2004) *Character Strengths and Virtues: A handbook and classification.* Washington, DC: American Psychological Association Press and Oxford University Press. Sem tradução no Brasil.

8. Park, N. and Christopher Peterson. "Character Strengths: Research and Practice." *Journal of College and Character* 10, n°. 4 (2009a): n.p.

9. "Tal Ben Shahar." Azquotes. Acessado em 8.6.2015. http://www. azquotes.com/quote/672859.

10. Cooperrider, D.L. (1990). Positive image, positive action: The affirmative basis of organizing. In S. Srivastva & D. Cooperrider (Eds.), *Appreciative Management and Leadership: The power of positive thought and action in organizations.* John Wiley & Sons.

11. Cooperrider, David. "*The Three Circles of Strengths Revolution: Moving from the Micro to the Macro Magnification of Strengths via Appreciative Inquiry.*" Apresentado pelo *VIA Institute on Character*. n. d.

Capítulo 11: O Flow Energizado pelas Forças

1. Csikszentmihalyi, Mihaly. *A descoberta do Fluxo.* São Paulo: Rocco, 1999. Livro esgotado no Brasil, somente disponível em sebos.

Notas e referências

2. Park, N. and Christopher Peterson. "Character Strengths: Research and Practice." Journal of College and Character 10, nº. 4 (2009a): n.p.: Peterson, Christopher, W. Ruch, U. Beerman, N. Park, and M. E. P Seligman. "Strengths of Character, Orientations to Happiness, and Life Satisfaction." Journal of Positive Psychology, 2 (2007): 149-156.

3. Biswas-Diener, R. (2010). *Practicing positive psychology coaching: Assessment, activities and strategies for success.* Hoboken, New Jersey: John Wiley and Sons. Sem tradução no Brasil.

4. Ed Diener. Interview. July 9, 2009.

5. Benson, Herbert and Miriam Z. Klipper. *The Relaxation Response.* New York: HarperTorch, 2000. Sem tradução no Brasil.

6. Davidson, Richard. "Be Happy Like a Monk." Presentation at Wisconsin Academy, Columbus WI, February 13, 2007. Sem tradução no Brasil.

7. Peterson, C. & Seligman, M.E.P. (2004) *Character Strengths and Virtues: A handbook and classification.* Washington, DC: American Psychological Association Press and Oxford University Press. Sem tradução no Brasil.

8. Lehrer, Jonah. "The Eureka Hunt." *The New Yorker.* July 28, 2008. http://www.newyorker.com/magazine/2008/07/28/the--eureka-hunt.

9. Wrzesniewski, A., McCaluley, C., Rozin, P., & Schwartz, B. (1997). Jobs, Careers, and Callings: People's relations to their work. Journal of research in personality, 31 (1), 21-33.

10. Diener, Ed. *Happiness—Unlocking the Mysteries of Psychological Wealth.* Hoboken, NJ: Wiley Blackwell, 2008. Sem tradução no Brasil.

11. "About Us." Virgin. Acessado em 9.6.2015. https://www.virgin.com/ about-us.

Capítulo 12: Surfando Rumo a uma *Performance* Extraordinária

1. Bracken, Sam. *My Orange Duffel Bag: A Journey to Radical Change.* New York: Crown Archetype 2012. Sem tradução no Brasil.

Forças Autênticas

2. Olivero, Gerald, K Denise Bane, and Richard E Kopelman *Public Personnel Management*; Washington: Winter 1997.

3. "VIA Classification of Character Strengths, Strengths Building" VIA Institute of Character. Acessado em 5.6.2015. http://www.viacharacter.org/www/Character-Strengths/VIA-Classification#nav. No site é possível alterar o idioma e acessar o conteúdo em Português.

4. Coutu, Diane and Carole Kauffman. "What Can Coaches Do for You?" *Harvard Business Review*, January 2009. https://hbr.org/2009/01/what-can-coaches-do-for-you.

5. Peterson, C. & Seligman, M.E.P. (2004) *Character Strengths and Virtues: A handbook and classification*. Washington, DC: American Psychological Association Press and Oxford University Press. Sem tradução no Brasil.

6. Seligman, M., Steen, T., Park, N., & Peterson, C. (2005). Positive Psychology Progress: Empirical validation of interventions. American Psychologist, 60, 410-421.

7. Gander, Fabian, Rene T. Proyer, Willibald Ruch, and Tobias Wyss. "Strength-Based Positive Interventions: Further Evidence for Their Potential in Enhancing Well-Being and Alleviated Depression." Springer Science Business Media B.V. 2012. DOI 10.1007/ s10902-012-9380-0.

Notas e referências (N.T.: Muitas das obras que constam dessa bibliografia não têm traduções disponíveis ou conhecidas em língua portuguesa. Por essa razão, foram mantidas as notas na língua original, para facilitar a localização. Quando há versão em Português, ela é aqui apontada na forma como foi publicada na língua portuguesa.)

Sobre a empresa *Authentic Strengths Advantage®* (ASA)

Nossa missão é ajudar as pessoas a explorar, desenvolver, aplicar e envolver suas Forças de Caráter pessoal e profissionalmente para criar resultados positivos, mensuráveis e sustentáveis.

Fornecemos *coaching* transformacional, baseado em evidências, treinamentos e ferramentas que alavancam as Forças de Caráter com o intuito de ampliar as contribuições e realizações humanas no trabalho e na vida.

O *Authentic Strengths Advantage®* é um divisor de águas, porque apreciar e desenvolver Forças cria uma cultura de respeito mútuo, na qual as pessoas têm poderes para fazer suas contribuições singulares. Nossos processos e ferramentas inspiram as pessoas a revelarem seus autênticos "eus" no trabalho e na vida, criando as condições para um alto desempenho sustentável: a chave para a motivação e o engajamento humano.

Visite-nos em *authenticstrengths*.com para saber mais. Participe do nosso aprendizado em comunidade para compartilhar suas ideias e resultados usando as ferramentas ASA apresentadas neste livro. No Brasil, a empresa ASA é representada pela Caminhos Vida Integral (www.caminhosvidaintegral.com.br).

Sobre o Instituto VIA de Caráter

Em 1998, o Dr. Neal H. Mayerson e o então Presidente da Associação Americana de Psicologia, Dr. Martin E.P. Seligman, conce-

Forças Autênticas

beram o estabelecimento de um esforço robusto para explorar o que há de melhor nos seres humanos e como podemos usar essas melhores características para construir vidas melhores. Eles lançaram um esforço de magnitude sem precedentes para estabelecer as bases para a nova ciência da Psicologia Positiva.

O Dr. Mayerson criou uma organização sem fins lucrativos (agora Instituto Via de Caráter, sendo VIA as iniciais de Valores em Ação, em inglês) para fazer esse trabalho e garantiu o financiamento para apoiar o Dr. Seligman na condução de um time diversificado de acadêmicos e profissionais que, três anos e mais de um milhão de dólares depois, concluiu o desenvolvimento da Classificação de Forças de Caráter e Virtudes e o Questionário do VIA para adultos e jovens. A enorme resposta das pessoas em todo o mundo deixou claro que o trabalho da VIA ecoa ampla e profundamente.

A missão do Instituto VIA de Caráter é avançar tanto a ciência quanto a prática das Forças de Caráter para ajudar as pessoas a construírem vidas com significado. A organização sem fins lucrativos oferece o Questionário VIA, validado cientificamente, de forma gratuita pata todo o mundo. Milhões de pessoas de mais de 200 países participaram da pesquisa, agora traduzida para vários idiomas.

Sobre a autora

Fatima Doman, fundadora e CEO da empresa Authentic Strenghts Advantage® (ASA), compartilha achados de suas duas décadas de experiência como Coaching Executiva trabalhando com as organizações listadas nas revistas americanas Fortune 100 e 500. Foi Diretora de Certificação do internacionalmente aclamado programa de treinamento "7 Hábitos das Pessoas Altamente Eficazes" e é cofundadora da Prática de Coaching Executivo Global da FranklinCovey. As áreas de especialização da prática de coaching de Fatima incluem: desenvolvimento de Forças do coachee por meio da Psicologia Positiva, inteligência emocional, vitalidade integral, gestão com energia, investigação apreciativa e liderança positiva.

Fatima acredita que a autoconsciência desempenha um papel fundamental para se tornar um coach excepcional e que cada um de nós pode desenvolver suas Forças para realizar nossas aspirações e enfrentar nossos desafios. Firmada nas inovadoras pesquisas da Psicologia Positiva e da Neurociência, Fatima revela caminhos para melhorar o desempenho e os relacionamentos humanos. Ela demonstra que aplicar suas Forças enquanto aprecia as Forças alheias aumenta sua inteligência emocional e transforma dramaticamente sua eficácia tanto no trabalho quanto na vida em geral. Agora ela passa grande parte do tempo conduzindo sessões de Coaching de Forças e treinamentos de Liderança Positiva com executivos de todo o mundo. A maior satisfação de Fatima vem de aproveitar o tempo com seu marido e seus dois filhos.

Jornada do Autoconhecimento

Estimulando indivíduos a se conhecerem melhor e a desenvolverem seus potenciais.
A Jornada do Autoconhecimento começa com um questionário eletrônico. O recurso gera um relatório muito rico em informações sobre o perfil e as forças pessoais do indivíduo, permitindo um olhar mais compreensivo de sua dinâmica comportamental. O Relatório apresenta ao participante quatro dimensões de autoconhecimento, representadas como quatro faces de uma montanha:

Face leste
Recurso de estímulo ao Autoconhecimento de suas Forças de Caráter.

Face sul
Recurso de estímulo ao Autoconhecimento do seu tipo psicológico.

Face norte
Recurso de estímulo ao Autoconhecimento de suas inteligências.

Face oeste
Recurso de estímulo ao Autoconhecimento do seu nível de consciência e valores.

O Relatório

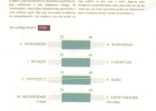

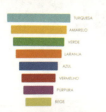

Comece aqui a Jornada do Autoconhecimento

www.editoravidaintegral.com.br
contato@editoravidaintegral.com.br
62 9 8119 0075

CULTURAL
Administração
Antropologia
Biografias
Comunicação
Dinâmicas e Jogos
Ecologia e Meio Ambiente
Educação e Pedagogia
Filosofia
História
Letras e Literatura
Obras de referência
Política
Psicologia
Saúde e Nutrição
Serviço Social e Trabalho
Sociologia

CATEQUÉTICO PASTORAL
Catequese
Geral
Crisma
Primeira Eucaristia

Pastoral
Geral
Sacramental
Familiar
Social
Ensino Religioso Escolar

TEOLÓGICO ESPIRITUAL
Biografias
Devocionários
Espiritualidade e Mística
Espiritualidade Mariana
Franciscanismo
Autoconhecimento
Liturgia
Obras de referência
Sagrada Escritura e Livros Apócrifos

Teologia
Bíblica
Histórica
Prática
Sistemática

REVISTAS
Concilium
Estudos Bíblicos
Grande Sinal
REB (Revista Eclesiástica Brasileira)

VOZES NOBILIS
Uma linha editorial especial, com importantes autores, alto valor agregado e qualidade superior.

PRODUTOS SAZONAIS
Folhinha do Sagrado Coração de Jesus
Calendário de mesa do Sagrado Coração de Jesus
Agenda do Sagrado Coração de Jesus
Almanaque Santo Antônio
Agendinha
Diário Vozes
Meditações para o dia a dia
Encontro diário com Deus
Guia Litúrgico

VOZES DE BOLSO
Obras clássicas de Ciências Humanas em formato de bolso.

CADASTRE-SE
www.vozes.com.br

EDITORA VOZES LTDA.
Rua Frei Luís, 100 – Centro – Cep 25689-900 – Petrópolis, RJ
Tel.: (24) 2233-9000 – Fax: (24) 2231-4676 – E-mail: vendas@vozes.com.br

UNIDADES NO BRASIL: Belo Horizonte, MG – Brasília, DF – Campinas, SP – Cuiabá, MT
Curitiba, PR – Fortaleza, CE – Goiânia, GO – Juiz de Fora, MG
Manaus, AM – Petrópolis, RJ – Porto Alegre, RS – Recife, PE – Rio de Janeiro, RJ
Salvador, BA – São Paulo, SP